JN113484

マルクスの労働価値論

大澤 健 著

創風社

目　次

4

マルクスの労働価値論

序　章

　労働価値論は不思議な理論である。「商品の価値は，その生産に投下された労働量によって規定される」という命題自体にあまり不思議な点はない。アダム・スミスが用いた「ビーバーと鹿」の例から，それが意味することは直感的に理解できる。「もし狩猟民族のあいだで，一頭のビーヴァを殺すのに，一頭のしかを殺すのの二倍の労働が通例ついやされるとすれば，一頭のビーヴァは，自然に二頭のしかと交換され，つまり二頭のしかに値することになるであろう」[1]という叙述を読めば，商品を得るために費やされた労働＝「労苦と煩労」[2]が交換比率を決める際の基準になるかもしれないと考えることはできる。

　この理論の不思議さは，これが現実の資本主義社会における商品交換の分析にはほとんど有効性を持たない点にある。スミスが描写するビーバーと鹿の交換は，資本蓄積も土地所有もない「初期未開の社会状態」[3]の交換である。こうした未開社会の物々交換ならいざしらず，世界中のサプライチェーンから調達された数万点の部品と機械を用いて生産され，経理や広報などの数えきれない間接労働を含むような発達した現実の商品生産では，そもそも一つの製品をつくるのに投下された労働量を図ることはかなり難しい。たとえ運よく測れたとしても，それを交換の基準に用いることはさらにあり得ないように思われる。それゆえ，「現実の商品交換に適合していない」というシンプルで明白な事実を論拠として，労働価値論の有効性は簡単に否定することができる。

　では，労働価値論は経済学のことをよく理解していない風変わりな研究者によって唱えられたのかといえば，そうではない。労働価値論を提唱した経済学者の系譜には，経済学の父アダム・スミス，イギリス古典派経済学の高峰デイビッド・リカードウ，さらにはカール・マルクスという経済学史上のビッグネームが連なっている。なぜ彼らは，現実の経済によって簡単に否定できるような理論を自らの経済分析に用いたのだろうか。労働価値論の本当の不思議さは，

1）アダム・スミス〔1995〕（1）p. 185.
2）同上，p. 151.
3）同上，p. 185.

この点にある。

　このうちスミスとリカードゥについては善意の解釈がなされる。彼らは経済学の偉大な先駆者であるが，そうであればこそ資本主義社会が全面的に開花した時代の人ではなかった（そうは言っても，素手で獣をとらえていた時代の人ではないが）。彼らは発展した商品交換社会を見ることはなかったし，現代の経済学が用いるような洗練された分析のツールを持っていたわけでもない。偉大な経済学者であっても時代的な制約から逃れることはできないのであって，間違った，あるいは不十分な理論を唱えることもある。彼らには「見えざる手」や「比較生産費説」といった後の経済学につながる偉大な功績があるのだから，未発達な商品交換を前にして，不十分な道具立てで経済分析を進めようとした未熟な理論には目をつぶっても良い，と。こうした厚意は必ずしも正しいとは思われないが，労働価値論を採用していたという不都合な過去によって彼らの偉大さを損なわないようにすることは可能である。

　しかし，本書がこれから考察の対象とするカール・マルクスの労働価値論はこうした温かい善意を受けることがない。むしろ，彼の理論は厳しい批判の対象となってきた。これは，常にある種の政治的な緊張を孕んだ論争が彼の名前につきまとってきたことに大きな原因があるのかもしれないが，それだけではない。彼は，前二者よりもはるかに強固に労働価値論を自分の理論の基礎に据えていて，それに依拠して独自の経済学体系を組み立てている。そのため，労働価値論の妥当性が否定されると，彼の経済学体系の多くの部分が成り立たなくなってしまうのである。

　とりわけマルクス経済学の核心と言われる資本主義的「搾取」は労働価値論を厳密に用いて展開されている。この「搾取」の解明によって，マルクスは資本主義社会が労働者にとって不当な社会であることを明らかにするとともに，それを解消するための未来社会としての社会主義，さらには共産主義社会に進むべきだと唱えた。単に理論的な問題だけではなく，19世紀以降の現実の労働運動，社会主義運動に多大なエネルギーを吹き込んできた最も重要な理論的解明が労働価値論にもとづいて立証されている。

　そこで逆に，労働者階級に勢いを与えるだけの耳障りな主張を否定したいと考える人たちからすれば，労働価値論を否定することによって搾取そのものを否定することができる。すでに述べたように，労働価値論は商品交換の現実の姿によってその有効性を簡単に否定することが可能である。こうした批判に対

して，マルクスが労働者に与えた強い影響力とその裏付けとなっている理論を継承したいと考える人たちにとって，労働価値論の正当性を死守することが最重要課題のひとつになってきた。強いメッセージ性とは裏腹に，非常に脆弱なこの理論を守るために，マルクス経済学は外部からの批判者にたいしても，その内部においても長い論争を繰り返すことになった。

しかし，資本主義的な商品交換では明らかに成り立たない理論を用いて，資本主義社会における搾取，さらには資本主義社会の全体構造を解明するというマルクスの論理展開を整合的に理解することは極めて難しい課題だった。

労働価値論を形式的に擁護したければ，ビーバーと鹿の交換と同様に，なんらかの非（あるいは，前）資本主義的な商品交換を想定することが手っ取り早い解決策になる。こうすれば，労働価値論は資本主義社会の現実の交換では成り立たないという問題から抜け出すことができる。実際，初期未開の状態の交換よりは洗練されているものの，その変種である「単純商品生産説」が労働価値論を援護するための通説となってきた[4]。後に述べるように，そこでは生産手段を所有し，自らの労働で商品を生産する「単純商品」生産者が一般的に想定される。

しかし，こうした擁護の方法を採ると，非資本主義的な商品交換でしか成り立たない理論を用いて資本主義社会が分析されることになる。これは，理論の体系的整合性という点からすればかなり致命的な欠陥である。そこで逆に資本主義分析としての体系的な一貫性を堅持しようとすると，今度は逆に労働価値論が資本主義社会では成り立たないという問題に直面することになる。資本主義社会の現実的な交換は労働量ではなく生産価格に従うとマルクス自身も考えていたのだから，この問題を解決することも容易ではない。

こうしたジレンマを前に様々な解釈が提示され，それが新たな論争を生み出すことで，労働価値論をめぐる議論は拡散的に分岐し，しばしば何が争点なのかさえ不明確なところにまで進むこともあった。複雑に分岐した論争を前にし

---

4) 労働価値論を前資本主義的な交換と結びつける解釈には，マルクス経済学に固有の「理論と歴史」の問題も関係している。この点についてミヒャエル・ハインリッヒ〔2014〕は，『資本論』の「『歴史化された』読み方」によって，「（『資本論』の──引用者）最初の3つの章は，前資本主義的な『単純商品生産』に関する抽象的描写として把握された」（p. 52.）としている。

て，そうまでして労働価値論を擁護する必要があるのかと考えることも，ある
意味では当然だと言える。現実の交換を考察するためにほとんど有効性を持た
ないだけに，こうした思いはなおのこと強くなる。そこで，スミスやリカード
ウへの善意の解釈と同様に，労働価値論はなかったことにして，マルクスの理
論的功績を継承しようと考える人たちも多い。あるいは，さらに進んで，マル
クスのメッセージを救い出すためには，この不思議な理論を積極的に捨て去る
べきだと考える論者もいる。

　解きがたいほどに縺れた論争を前にして，本書はもう一度原点に立ち返って
マルクスの労働価値論の意味を再考しようとしている。労働価値論をめぐる論
争が混み入っているだけに，本書の問題関心をあらかじめ明確にしておく必要
がある。本書の中心的な関心は，労働価値論が正しいか間違っているか，ある
いはどのような論理や想定を用いればこの理論の正当性を「証明」できるのか，
という点にはない。問題は先に述べた不思議さ，つまり「**資本主義社会では明
らかに成り立たないように見える理論を，なぜ資本主義分析のために用いるの
か**」という点にある。先に述べたように，この理論が現実の資本主義的商品交
換に適用できないという事実はマルクス自身も明確に自覚していた。それにも
関わらず，マルクスは資本主義分析の大半を労働価値論によって展開している。
なぜこの理論を使って資本主義社会の仕組みと特徴を解明しようとしたのだろ
うか。本書の課題は，資本主義社会の分析に労働価値論を用いる意味は何なのか，
その理論的な意図をマルクス自身の叙述に立ち返って再考することにある。

　マルクスの労働価値論の意味を問い直すためには，こうした根源的な部分に
立ち返って考察することが不可欠であると考えられる。というのも，多くの人
たちは労働価値論が一般的な意味の「価値（格）論」であると考え，なぜ価値
量が労働量によって規定されているのか，またはどうすれば価値量と労働量が
一致することを証明できるかどうか，を議論してきた。しかし，労働価値論を
めぐる論争が込み入ったものにならざるをえないのは，この理論がもっている
独自の目的や理論構造を確認する前に，他の経済学と同じ土俵で成り立つか成
り立たないかを議論しようとしたり，その正当性を「証明」しようとしたりす
ることに原因がある。つまり，労働価値論の目的と方法について，それぞれの
自己了解にもとづいたバイアスがかかった視点から評価しようとすることがこ
の理論をめぐる論争を非常に複雑なものにしている。しかも，多くの論争参加
者が無意識にそれを行っているために，議論はさらに錯綜したものになる。

　それゆえ，マルクス労働価値論の意味を考えるためには，まずその独自性を
それ自体として確認しなければならない。彼が資本主義社会の分析に用いてい
る方法論も，その方法にしたがって想定されている理論的前提も，その論理の
展開方法も，一般的な経済学とは大きく異なっている。労働価値論は，そうし
たマルクスの独自の社会把握の方法によって展開されていることを確認する必
要がある。

　そして，そうした独自性の根源にあるのは，彼の理論の目的，すなわち労働
価値論によってマルクスは何を解明しようとしたのか，という点である。すべ
ての理論は，それが解明すべき目的に向けて組み立てられる。道具（理論）の
形（構造）や性能（有効性）は，その道具の目的に規定される。例えて言うな
らば，鑿は穴や臍を掘るための道具であって，その目的を果たすために道具と
しての形が規定されている。それにもかかわらず，鑿では木は切れないと批判
されたら，どう対処すべきだろうか。その有用性を主張するために，鑿で木を
切ってみせることにはあまり意味がない。無理をすれば切れないことはないだ
ろうが，木を切るのは鋸の役割であって，鑿はそうした目的のために作られた
道具ではないからである。正しい目的を理解しなければ，道具の構造も有効性
も正しく評価することはできない。

　われわれは，労働価値論を出来の悪い鋸として評価していないだろうか，と
いうのが以下の考察の基底にある問題意識である。マルクスもまた自らが設定
した「目的」にたいして，彼自身が創出した方法論にしたがって理論的回答を
与えようとしている。それゆえ，労働価値論の意味を理解するためには，マル
クスは「何を解明するために」，「どのような理論の構造によって」労働価値論
を展開しているのかという点を考察しなければならない。こうした基底的な部
分にある独自性を明らかにすることが本書の課題である。

　以下の考察で明らかにしたい本書の基本的な主張は，「**マルクスの労働価値論
は史的唯物論，あるいは唯物史観に基づいて展開されている**」ということである。
こうした主張自体は，マルクス経済学においては当たり前のことであって，特
に目新しくもないと思われるかもしれない。しかし，いくつかの先駆的な研究[5]
を除けば，マルクスの経済理論，とりわけ労働価値論に史的唯物論がどのよう

5）労働価値論と唯物史観の関係について明らかにした先駆的業績として遊部久
　　蔵〔2000〕がある。

に反映されていて，どのような影響を与えているのかは十分に議論されてきた
わけではない。この歴史観と資本主義分析の諸理論との関係を語る場合には，『資
本論』の叙述によって資本主義の歴史的な発生・発展が描写されているとか，
資本主義が崩壊する歴史的必然性が随所で語られるといったかなり教条的な解
釈が主流となってきた。そのため，労働価値論や商品論をめぐる議論も，それ
が論理的なものか，歴史的な事実の反映なのかを争点とする奇妙な論争がしば
しば引き起こされてきた。あるいは，史的唯物論は歴史を説明するための仮説
として，彼の経済理論とは区別されて扱われる場合もある。いずれにしても，
生産力と生産関係の弁証法的発展という史的唯物論を象徴する命題は，マルク
スの経済理論の入り口に飾られてはいても，資本主義社会の構造と性質を解明
する『資本論』の理論展開の内部構造には直接関係づけられてこなかった。

　しかし，社会の変化の積み重ねが歴史を形成するのだから，史的唯物論は単
にマルクスの歴史認識にとどまらず，彼が社会を把握する場合の基本的な枠組
みである。彼は自らが解明すべき目的のために，こうした社会把握の方法を編
み出した。その目的とは，人類の歴史的発展という座標軸の上に資本主義社会
を位置づけ，その構造と性質を明らかにすることである。それゆえ，こうした
問題意識のために創出された方法論的土台の上に資本主義社会を考察するため
の独自の理論体系を構築していった。体系的端緒に位置するマルクスの労働価
値論は，彼の方法論的土台である唯物史観を資本主義分析のための道具に転換
するための理論であり，その意味で，この理論がマルクス経済学体系全体の礎
石となっている。そうであればこそ，労働価値論の意味内容は唯物史観という
マルクス独自の社会把握の方法によってのみ理解されうると言える。

　本書は，上に述べた基本的な主張を以下のような論拠によって示そうとして
いる。
　第1章では，1840年代のいわゆる「初期マルクス」における労働価値論の形
成過程を追うことで，古典派経済学からのこの理論の批判的摂取が唯物史観の
成立過程と表裏一体のものとして進行していくことを明らかにする。この時期
の労働価値論をめぐる最大のトピックは，若きマルクスがこの理論の拒否から
受容へと大きく態度を変えることにある。後に労働価値論を自らの理論体系の
支柱に据えるマルクスだが，経済学研究の最初期の段階ではこの理論を拒否し
ていた。それが，1840年代の後半には一転して労働価値論を積極的に受容して

いる。

　こうした拒否から受容への 180 度の転回は，経済学に精通していなかったマルクスが，経済学への洞察を深めていくことでその正しさを理解したと解釈されることが多い。あるいは，もともとドイツ哲学の学徒として哲学的思考に深く傾注していたマルクスが，経済学に目覚めたことで労働価値論を受容した，と。

　しかし，マルクスによる労働価値論の受容は，古典派経済学への未精通から精通へ，あるいは哲学から経済学へという移行の過程で生じたものではない。ドイツ古典哲学の伝統的な問題意識から出発したマルクスは，人類の歴史的発展法則の上に資本主義社会の意味を把握するという課題を彼の研究生活の初めから終わりまで持ち続けている。その意味で，マルクスは終生「哲学的」である。ただし，彼は自らの母胎であったヘーゲルの哲学や，さらには一時期熱狂的に傾倒していたフォイエルバッハの疎外論を批判的に克服していくことで，自らの社会把握の方法を確立していった。その成果が史的唯物論であり，この方法論の確立が，労働価値論を受容する転機になっている。ヘーゲルが人類の歴史を絶対理性の弁証法的発展として叙述しようとしたように，マルクスは「労働」の弁証法的発展として人類の歴史を描こうとしていて，その座標の上に資本主義社会の構造をも把握しようとしている。労働価値論の拒否から受容への転回は，こうしたマルクス自身の社会把握の方法の発展と確立の過程で生じている。この章では，こうした経過を確認することで，労働価値論と唯物史観との一体性を明らかにする。

　第 2 章では，マルクスが労働価値論を展開する際の基本的な前提を，その方法論的土台である唯物史観から考察する。労働価値論をめぐる議論においては，「価値を形成するのは究極的には労働以外にはない」とか，「労働こそが人間の本質であって，それゆえ価値（あるいは経済）の本質である」といった主張に行きつく場合が見られる。こうした主張は，マルクスが何らかの意味で労働を特権化して扱っているという意味では正しいのだが，彼が論の前提としている「労働」の意味はもう少し精密に理解する必要がある。唯物史観にもとづいて社会を考察しようとするマルクスは，労働に「社会（的関係）の本質」という独自の位置づけを与えている。つまり，マルクスにとって労働は，価値（量）を説明するための前提ではなく，社会的関係を考察するための前提である。

　マルクスは，「あらゆる形態における人間の生産が，ある種の，同一のままにとどまる諸法則または諸関係をもつ」と考えていて，「もしそのような法則がな

14

かったとすれば，そもそもブルジョア的生産のシステムは理解できない」としている。そして，「この同一のものはまったく単純であり，またきわめてわずかのきまり文句でまとめられることができる」[6] としている。こうした歴史貫通的な本質としての生産＝労働の捉え方が，唯物史観の土台であり，労働価値論の出発点である。

　そして，社会の本質としての労働は，自然的関係と社会的関係という二つの側面の統合として把握されていて，労働の自然的な側面だけではなく，社会的側面もまた歴史貫通的な特徴をもつと考えられている。これは，社会全体を労働の一体系として捉える視点から得られるものであり，これが『資本論』へと続いていく基本的なモチーフになっている。この章では，唯物史観によって与えられる「労働」の独自の規定が労働価値論の前提であることを明らかにする。ただし，こうした基本的な想定は労働価値論の前提であって，労働価値論によって展開される論理の内容ではないことも章の最後に述べる。

　そこで，第3章では，「マルクスは労働価値論によって何を明らかにしようとしたのか」という点について考察する。労働価値論によって展開されるべき理論的課題もまた，唯物史観という方法論的枠組みにしたがって与えられている。それは，資本主義社会における生産力と生産関係のあり方を明らかにすることである。社会把握の出発点に位置づけられた労働がもつ二つの側面のうち，自然的側面は「生産力」に，社会的側面が「生産関係」に対応する。それゆえ，歴史貫通的に前提されている労働の社会的側面から，資本主義に独自の「生産関係」を明らかにすることが労働価値論の課題である。マルクスが労働価値論によって解明しようとしたのは，資本主義社会で労働（の社会的側面）がとる固有の形態，あるいは独自の関係である。つまり，『資本主義社会において労働（の社会的側面）がどのような形態で媒介されるのか』という点を明らかにしているのが労働価値論であり，資本主義社会における労働の媒介形態をこの社会に独自な「生産関係」として示そうとしている。

　こうした意図を共有するならば，労働価値論は極めてシンプルな理論である。そこにはビーバーと鹿はもとより，抽象的商品交換関係の想定も，この理論を

6）以上，カール・マルクス「経済学批判（一八六一―一八六三年草稿）」，資本論草稿集⑨，大月書店 p. 584, MEGA BandⅡ／3.6, S.2269. 以下本書では，カール・マルクスの著作からの引用については，その都度著作名とページ数を注で示す。

証明するための論理的・歴史的な補強材も必要とされない。資本主義社会における労働の媒介形態は，この社会における富が「商品の巨大な集まり」として存在しているという経験的事実から，商品の二要因と重ねることによって明らかになる。労働生産物が商品（価値）として量的に等置されて交換されているのだから，労働もまた量に還元されて等置されることで媒介されている，という結論が導き出される。マルクスは社会の本質としての労働が資本主義社会において媒介される関係，あるいは媒介の形態を「価値関係」あるいは「価値形態」として明らかにすることで，これが資本主義社会の原初的な「生産関係」であるとしている。

そして，資本主義社会における「生産関係」を明らかにするという労働価値論の用い方は，マルクスが解明しようとした目的に規定されている。彼は，資本主義社会を人類の歴史に位置づけ，その文脈において資本主義社会の必然性と構造を解明するという目的を持っている。そのために，唯物史観の座標軸となっている「労働」を，資本主義（的生産関係）を分析するための経済的カテゴリーである「価値」へと転換するものとして位置づけられているのが労働価値論である。その意味で，唯物史観という方法論的枠組みを，彼独自の経済理論の端緒へと変換するためのロジックが労働価値論だと言える。そして，労働価値論によって示される価値関係を資本主義的生産関係の端緒的生産関係とすることで資本主義的生産関係の全体像が解明される。資本主義社会における経済的諸カテゴリーは，この価値関係が弁証法的展開によって姿を変えたものとして体系的に叙述されることになる。この章の後半部分では，「生産関係」としての価値関係が資本主義社会の全体像を把握するための端緒的「生産関係」であることの意味について考察している。

第4章では，本書の主張を補足する議論として『資本論』冒頭部分の叙述を詳細に検討する。労働価値論をめぐる多様な論争は，『資本論』冒頭における労働価値論の「証明」があまりに簡潔なことに端を発している。ただし，本当の問題は，こうした簡素な叙述によって「何を証明しているのか」という点に大きな誤解が生じていることにある。現行の『資本論』の叙述では，価値の実体が労働（量）であることをマルクス自身が何らかの根拠を用いて証明，あるいは説明しているように見える。そのため，価値の実体を労働とする理由を説得的に説明できるかどうかが，「証明」の成否を左右する中心的な問題として議論されてきた。しかし，もともとマルクスは労働価値論を「証明」しようという

意図を持っていなかった。というよりも，労働価値論は彼の方法論的な土台に深く根差しているだけに簡単な叙述によって「証明」することができなかったと言える。それでもあえてそれを簡素なロジックによって説明しようとしているために，『資本論』の冒頭部分の叙述が誤解を招くように捻じれてしまっている。

　こうした「捻じれ」は，『経済学批判　第一分冊』から『資本論』初版，さらには現行版への叙述の変化を追うことでかなり詳細に検証することができる。考察におけるマーキングポイントは，『資本論』の冒頭部分で展開される「使用価値の捨象」である。現行の『資本論』の叙述では，「使用価値の捨象」は労働を導出するための論拠として用いられているように見えるが，注意深く見ると，「抽象的人間的労働」の導出のためにも用いられている。この二つの「捨象」の違いはあまり意識されないが，先に述べた理論の「目的」という点で決定的な違いがある。マルクスはもともと労働を前提として生産関係（としての抽象的人間的労働）を明らかにするために論理を展開していた。ところが，あとから価値の実体を労働とする理由を説明するかのような叙述を挿入している。この間の事情は，草稿に残されたサミュエル・ベイリーへの批判から跡付けることができる。結果的に，『資本論』の冒頭では，労働の導出と抽象的人間的労働の導出という二つの異なった課題に向けた「捨象」が形式的なロジックによって組み合わされて展開されることになった。ただし，誤解を招くほどの簡素な叙述の中には，逆に，マルクスが強く確信していた労働価値論の方法論的な土台が示されている。この章では，各著作の冒頭部分の比較・検討から，こうした叙述の変化の意味と，その深部に見られるマルクスの方法論的な意図を明らかにする。

　本書の課題は，こうした一連の考察を通じて，唯物史観と一体化して展開されるマルクスの労働価値論の独自性を再考することにある。マルクスの労働価値論は，彼の理論が現実社会への強い影響力を持っていたために，これを強く否定しようとする人たちと，絶対的に正しい真理であると考える人たちの間でその正否が争われてきた。マルクスを擁護しようとする人たちは，古典派から同時期に分派した新古典派の価格論からの批判を強く意識せざるを得なかった。そのため，全く違った目的に向けられた理論と同じ土俵で正当性を示す努力が続けられてきた。このことがマルクスの労働価値論の独自の構造を理解するこ

とを難しくしている。この状況は現在も変わっていないように思われる。

　しかし，経済学は，それが考察すべき対象も，その解明に用いられる理論的道具もきわめて多様である。すべての経済学は，それぞれが解明すべき課題に向けて，独自の方法論的前提と，それを土台とした独自の理論体系をもっていることを認めるならば，マルクスの労働価値論もまたマルクス固有の目的にむけて展開される一つの独自の体系として理解する必要がある。

　筆者は，こうした理解によって，逆に簡単に否定できない労働価値論の可能性が示されると考えている。マルクスが解明しようとした課題は，イギリス古典派はもちろん，現在の主流となっている新古典派以来の経済学とも全く異なっている。ある意味では，そうした経済学が解明できない，あるいはしようとしない根源的なところで資本主義社会の意味と構造，さらにはその発展過程を明らかにしようとしている。それゆえ，逆に，こうしたマルクスが設定した独自の課題には，彼が用いた方法と理論をもってしか解答を与えることができないと言えるかもしれない。この課題を共有していない他の経済学は，それを解明すべき方法も理論も持っていないからである。

　マルクスが解明しようとした目的を含めて，その方法論的前提と，それにもとづく理論の展開を一つの全体構造として把握することが，労働価値論の可能性を改めて考えなおすための出発点になる。本書の終章の部分では，こうした「労働価値論の可能性」について述べる。マルクスの労働価値論もまた，経済学が扱うべき多様な課題に向けた理論的可能性のひとつと考えることで，この理論がもつ潜在的な可能性を真に発揮することができると筆者は考えている。本書がそのための一歩となることを期待している。

第1章　初期マルクスにおける労働価値論の形成過程

第1節　本章の問題意識

　本章では，1840年代のいわゆる「初期マルクス」における労働価値論の形成過程を考察することで，この過程が唯物史観の確立と表裏一体の関係として進んでいくことを確認する。それによって，労働価値論の基本的前提と理論的構造が，唯物史観によって与えられていることを明らかにする。

　「初期マルクス」における労働価値論の形成過程における最も大きなトピックは，当初マルクスがこの理論を拒否していたことである。後に自らの経済学体系の根本に労働価値論を厳密に据えるマルクスが，その経済学研究の初期とはいえ，労働価値論を採用しようとしなかったという事実は様々な議論を提起してきた[1]。

　1840年代のマルクスの諸著作をその成立過程順にみてみると，本格的に経済学を研究しはじめた最初期にあたる1844年に執筆された「一八四四年の経済学・哲学手稿」（以下，『経哲草稿』と略記）と，「J. ミルに関するノート」（以下，「ミル評注」と略記）などを含む『パリ・ノート』[2]，および『聖家族』[3]の段階

1）この点についての論争を紹介しているものとしては，石原博〔1987〕。
2）1844年段階でのマルクスによる労働価値論の拒否についての直接的な言及は，『パリ・ノート』における「リカードウに関するノート」に多く見られる。「生産費自身はしたがって競争によって規定されるのであって，生産によって規定されるのではない」（『マルクス　経済学ノート』杉原四郎・重田晃一訳，未来社，1962, p. 51, MEGA Band Ⅳ/2, S. 404.）といった叙述や，「物はもはや生産費と関連させられず，生産費はもはや人間と関連させられず，生産全体がいかがわしい商売と関連させて考察されることになる」（同, p.52, S.406.）といった叙述に労働価値論の拒否が認められる。また「ジェームズ・ミルに関するノート」においても，「したがって価値と生産費との間にはなんらの必然的な関係はない」（同 p.86, S.447.）といった叙述が見られる。
3）『聖家族』段階での「未受容」については，服部文男〔1967〕を参照。

では，イギリス古典派が唱えた労働価値論を彼は拒否している。そして，それに続く 1845 年の「フォイエルバッハにかんするテーゼ」を経て『ドイツ・イデオロギー』に至るまでは明確な受容は見られない。その後の著述においてもしばらくの間は労働価値論の明確な受容は見られず，それが確認されるのは 1847 年の『哲学の貧困』段階である。初期マルクスの諸著作の時系列的な流れから図式的な書き方をすれば，以下のようになる。

1844 『経哲草稿』『パリ・ノート』『聖家族』→拒否
　　↓
1845 ～ 6 「フォイエルバッハにかんするテーゼ」
　　　　『ドイツ・イデオロギー』　　　　　　　→未受容
　　↓
1847 『哲学の貧困』→受容

　こうした労働価値論をめぐる拒否から受容への転回については，古典派経済学への未精通から精通へ，無理解から理解への変化があったと解釈される場合が多い。1840 年代にイギリス古典派経済学を学び始めたばかりのマルクスは，その理論的な正当性について正しく評価することができなかったのであり，そのため全面的な拒否から出発した。それが，経済学への理解が深まるにつれてその科学的正しさを認識するようになり，それによって古典派の労働価値論を受容し，自らの経済学体系を構築することすることになった，と。このような解釈には，「疎外」概念を駆使するドイツ哲学の徒から，後の経済学者マルクスへと成長していったというニュアンスが同時に含まれている[4]。
　確かに経済学を学び始めたばかりのマルクスは古典派の理論に習熟しているとはいえず，当時の「国民経済学」への批判は，後に彼が至った経済学体系の水準とは比べようもない。また，ドイツ哲学を深く学んできたマルクスが，哲学的用語とその概念的フレームを使って古典派経済学を批判しようとしている

---

[4] こうした解釈の代表例としては，ローゼンベルグ〔1971〕，またはトゥーフシェーラー〔1974〕。両論者は，当時のマルクスが労働価値論を受け入れていなかった理由として，エンゲルスの影響を強く受けて，競争が持つ意味を過大に評価したという点を指摘している。これは十分にありうる推論であるが，本当の理由ではない。ただし，本稿の主張は両者の推論と対立しない。

ことは明らかであり，その後はこうした哲学色が少なくとも前面に出なくなっていく。その意味で，こうした解釈は一面で正しいと言えるかもしれない。

　しかしながら，労働価値論の拒否から受容への変化を「未精通→精通」として解釈することにはいくつかの問題点が存在している。それらは以下のようなものである。

　（1）当時のマルクスが，後の水準からすれば古典派経済学に十分に精通していなかったことは事実だとしても，「国民経済学」が，「富の主体的本質」としての労働を発見したことを「開明的」[5] であると高く評価し，『経哲草稿』自体もこうした「国民経済学の諸前提から出発」[6] することで書かれている。私的所有の主体的本質を労働とした古典派をこの段階ですでに高く評価しながら，これを自らの論として採用しなかった理由が「未精通→精通」解釈では明確にならない。後に述べるように，この段階のマルクスの特徴は，人間の類的本質が「労働」であるという認識を明確化する点にある。それゆえ，労働こそが人間の本質であることを労働価値論の根拠とするならば，この段階でも労働価値論は十分に受容可能だった。あるいは，むしろ積極的に受容すべきだったと考えられる。つまり，未精通ならば受容へと傾いても良かったはずだし，そうなるだけの十分な理由もすでにあった。ところが，それにも関わらずマルクスはこの理論を拒否している。これは，単に古典派経済学に未精通だったのではなく，この理論を拒否するだけの積極的な理由をもっていたからだと考えられる。

　（2）労働価値論の拒否から後の受容への転回が生じた時期は，それと並行してマルクス独自の社会認識の方法が大きく発展する時期でもある。まず，『経哲草稿』段階ではフォイエルバッハを熱烈に賞賛していたにもかかわらず，その後「フォイエルバッハにかんするテーゼ」を経て，決定的に批判的な態度へと変わっている。それとともに，『経哲草稿』で重要な概念となっていた「疎外」は，中心的な概念としては使われなくなる。さらに，『ドイツ・イデオロギー』における唯物史観の確立というマルクス思想形成上の大きな出来事がこの間に起こっている。これまでも多くの論が推察しているとおり，こうした変化は何らか

　5）カール・マルクス「一八四四年の経済学・哲学手稿」『マルクス・エンゲルス全集』第40巻，大月書店，p.451, MEGA Band I /2, S.383.
　6）同上，p.430, S.363.

の意味で労働価値論の受容と関係していると考えられる。しかし,「未精通→精通」による解釈では,労働価値論の受容と同時に進行するマルクス思想の複線的な発展との相互関係が必ずしも明確にならない。

（3）古典派への精通とともに労働価値論が受容されたと考える解釈のさらなる問題点は,マルクスによる古典派理論の批判的摂取の意味,つまり古典派とは異なったマルクス労働価値論の独自の意義が明確にならない点にある。マルクス自身は,彼の労働価値論は古典派のそれとは異なっていると主張している。ところが,単なる古典派理論の受容とする解釈では,その違いが明確にならない。上で述べたようなフォイエルバッハ哲学の批判的克服や,唯物史観の確立に見られる社会認識の方法論の発展過程はマルクスに独自のものであり,これが「導きの糸」となってマルクス独自の経済学体系が形成されていった。労働価値論はマルクス経済学体系の礎石であり,古典派と異なった彼の体系の独自性がこの理論に結晶していると考えられる。ところが,こうした違いは,単なる古典派的労働価値論の受容とすると明確にならない。

　以下の考察では,上で述べたような問題点を念頭に置きながら,初期マルクスにおける労働価値論の受容が,彼自身の社会把握の方法の発展に合わせて進んでいくことを明らかにする。彼は独自の問題意識をもって社会を考察しようとしていて,その課題に向けて,社会を認識する方法を段階的に深化・発展させていった。こうした歩みは,イギリス古典派経済学と出会う前から始まっていて,労働価値論の拒否から受容への転回も,マルクス独自の方法論が形成される過程で生じている。彼が最終的に確立した方法論が唯物史観であって,これによって労働価値論は独自の意味を持った理論として受容されることになった。そして,この唯物史観という土台の上に批判的に摂取されたことによって,労働価値論は古典派経済学とは異なった次元の理論へと発展することになる。本章では,マルクス労働価値論の独自性を解明する第一歩として,彼自身の社会把握の方法の発展過程と労働価値論の受容が表裏一体の関係にあることを以下の考察で明らかにする。

第2節　労働価値論以前の労働価値論の形成過程

　初期マルクスにおける労働価値論の形成過程を考察するにあたって,まず確

認しておくべき点は，この理論は「労働」論や「価値」論として形成されてきたのではないという点である。マルクスが社会を把握するための方法論の形成過程は，こうした経済学的カテゴリーに出会う以前から始まっている。彼は，伝統的な経済学の研究からではなく，ドイツ古典哲学の伝統から，とりわけヘーゲル哲学のもとからその思考の歩みを開始した。彼が市民社会の現実に向き合い始めたころの批判は，すでに獲得されていた哲学的な立場から展開されていて，その独自の出発点もまたそうした哲学的問題構成にあった。

　彼が社会を批判的に考察する際に最初の足場としたのは，「人間の普遍的本性」とその「実現」というドイツ哲学の伝統的な問題意識だった。ただし，市民社会という現実社会への批判に取り組む中で，当初依拠していたドイツの先人たちの社会批判の方法が，市民社会の把握には不十分であることを認識するに至る。それゆえ，それらを批判的に克服することで，社会を理解するための独自の方法を模索し続けていくことになった。その過程で，独自の社会把握の方法である唯物史観が形成されている。労働価値論の拒否から受容への変化は，この過程に対応している。そこで，最初期の著作から始まる独自の社会把握の方法の成立過程について，マルクスが「労働価値論」に接する以前の労働価値論の形成過程から以下で考察する。

2-1. 『ライン新聞』段階

　学生時代をドイツ哲学の研究とともに過ごしたマルクスだったが，1842年に哲学的学究生活への道を断たれたために，『ライン新聞』というジャーナリズムの世界に身を置くことになった。この『ライン新聞』にかかわる中で，出版の自由をめぐる問題，さらには盗伐問題といった現実の社会問題への批判を通じて，彼は市民社会の問題と対峙することになる。彼の市民社会への批判はここから始まっている。そこで，この最初期の段階まで遡って，彼が現実の社会と向き合う際に見られる批判の構造，あるいは社会認識の構造を確認していきたい。

　まず，「第六回ライン州議会の議事」と題された一連の論文の中で展開される議論の特徴を考察することから始める。マルクスはここで，出版の自由を認めない，あるいは認めるにしても営業の自由の一部として認めるように要求するライン州議会のあり方が全く筋違いであるという批判を展開している。「出版の自由」を擁護する際にマルクスは，出版の自由が「精神的存在全体」の「類的

本質」である「自由」[7]の一定在であるとしている。つまり，出版の自由は，普遍的な「自由」を本質とする「人間的自由の実現であ」[8]り，さらに言えば，出版法はもとより，「真の法律」とは「自由という無意識的な自然法則」[9]の意識的な映像として存在しなければならない。それゆえ，こうした法律を定めるものとしての議会は「普遍的意識の光のもとに引き出されて」「普遍的な本質を獲得しなければならない」[10]。それにもかかわらず現実の議会は，検閲を許容したり，営業の自由という特殊な自由の一部として出版の自由を認めたりすることで，「普遍的理性や普遍的自由」[11]を認めようとしていない，と批判している。

　社会問題への直感的な義憤を難しいロジックを駆使して批判しようとしているが，この段階のマルクスの社会認識に見られる論理の構造は明らかに観念論的である。当時のマルクスは，「自由は真に人間の本質である」[12]としていて，彼の批判の軸となっている足場は人間の普遍的本質である「普遍的理性や普遍的自由」にある。そして，こうした普遍的な本質は，「法律」「国法」によって実現される（べきだ）と考えている。「特殊的な身分を」こえた人間の普遍性を実現するものは「もっとも普遍的なもの，すなわち国家」[13]であるとしている。

　こうした「法律」や「国家」のあるべき姿への期待は，「第三論文」において「木材窃盗」を論じる場合にも同様に見て取ることができる。古くからの共有地から慣習的に木材を採取する人々が窃盗として罰せられている現実を前にして，マルクスは盗伐を大衆の「理性的な慣習的権利」[14]，つまり「普遍的法律」の形式をとっていない慣習であるとして擁護している。ここでもマルクスは，法律こそが普遍的本質を実現すると考えていて，またそうであればこそ「事物の法

7) 以上，カール・マルクス「第六回ライン州議会の議事　第一論文　出版の自由と州議会議事の公表とについての討論」『マルクス＝エンゲルス全集』第1巻，大月書店，p.62, MEGA Band Ⅰ／1, S.146.

8) 同上，p.57, S.143

9) 同上，pp.66-67, S.150-151.

10) 同上，p.49, S.136.

11) 同上，pp.53-54, S.139.

12) 同上，p.58, S.143.

13) 以上，同上，p.83, S.164.

14) カール・マルクス「第六回ライン州議会の議事　第三論文　木材窃盗取締法にかんする討論」同上，p.135, S.206.

的本性に従って法律を制定しなければならない」[15] として議会の現状を批判している。

　このように，この段階のマルクスは，人間の「普遍的な本質」と，「その実現」のあり方についての彼の理想論に立脚して社会批判を展開している。端的に言えば，議会や法律は人間の本質である普遍的自由を実現すべきなのに，現実はそうなっていない，というのが彼の批判のロジックである。人間の理性への期待とともに，それを実現すべき議会や法律のあるべき姿への期待が，その裏返しとしての批判に表れている。

　もともとヘーゲル的な哲学的思考に慣れ親しんでいたマルクスは，現実社会への批判の歩みを開始した段階では，観念論的立場に立っている。もちろん，これは後の彼のスタンスとは大きく異なっている。しかし，こうしたドイツ哲学の強い影響によって，後の彼自身の思考の発展過程へと続いていく基本的な枠組みが与えられている。それは，「人間の類的本質」と，その「実現のあり方」という二つの視点が社会を見る時の基本的な座標軸になっている点である。彼は，「われわれは，事物の存在にたいして内的理念の本質という尺度をあてがわなければならない」[16] と考えていて，こうした人間の本質についての彼の認識と，それが実現されるあり様という座標軸を堅持しながら，段階的に観念論を脱却していく。その過程で彼独自の社会把握の方法論がつくられていくことになる。

　そして，こうした初期の観念論的な社会批判の中に，後に引き継がれていくもうひとつの重要な概念が登場している。それが「紐帯（Band）」である。出版の自由を擁護する論理の中で「紐帯」は重要な位置を占めている。この批判において，出版界は，普遍性を実現すべき「法」や「国家」といった政治的な領域と「個人」を結びつける「国民の普遍的紐帯」[17] であるとして，その自由を擁護している。この「紐帯」概念は，「特殊を普遍とむすびつけている目に見えない神経繊維」[18] と表現されるように，「個人」としての人間をより高次の「普遍」に結びつけるものを意味している。観念論的な社会把握をしているこの段階で

---

15) 同上，p.130，S.202.

16) 前掲「第六回ライン州議会の議事　第一論文　出版の自由と州議会議事の公表とについての討論」p.57，S.142.

17) 同上，p.82，S.164.

18) 同上，p.35，S.124.

は，「個々人と国家および世界とをむすびつける……（中略——引用者）……紐帯」[19]，あるいは「個々人と彼の公民としての存在をむすぶ紐帯」[20]といった働きをするものとされている。

　この概念を特に重要だと考えるのは，後に「ミル評注」段階で，マルクスは価値あるいは貨幣を「紐帯」概念によって考察するからである。それだけにとどまらず，『資本論』に至る各著述の中でも，価値や貨幣の考察には「紐帯」という言葉が頻出する。この概念は，「個」として存在する人間と，より普遍的な「社会」とのむすびつきを表わす重要な概念として用いられ続けている。「人間の普遍的本質」から個人のあり方を考察しようとするマルクスにとって，個別的な存在と，より普遍的な人間の本質とをむすびつける「紐帯」のあり方を問うことが社会のあり方を把握する上で重要な課題となっている。

　このように初期マルクスの思考形成過程において，観念論的な社会批判を行っていた段階から，すでに後の彼の思考の枠組みとなっていく中心的な問題意識が形作られている。マルクスの社会把握の方法は，彼の問題関心によって構成されるこの「基本的な座標軸」にそって発展していくことになる。後の議論を見渡しやすくするために，これらの「基軸」によって当時のマルクスの社会把握の構造をまとめておきたい。これらがマルクスの思考形成の出発点に位置している。

　『ライン新聞』時代のマルクスは，人類には「普遍的本質」が存在すると考えていて，それが実現されるあり方を問うことに中心的な問題意識を置いている。それゆえ，本節の終わりに図1－1としてまとめているように，「人間の本質」（①）と，「その実現」（②）のあり方という二つの座標が彼の思考の基軸になっている。こうした社会の捉え方は極めて哲学的であるが，この基軸が初期マルクスを通じて明示的に引き継がれていく。後の段階では後景に退くようにも見えるが，より高次の人間性を実現する社会として社会主義や共産主義を説いたように，ある意味では彼の生涯の研究における基軸となっている。ただし，先に述べたように，この段階では観念論にとどまっているマルクスにとって，人間の本質は「普遍的理性」「普遍的自由」であり，それを実現するものは「議会」，「国法」であると考えられている。

---

19) 同上，p.69，S.153.
20) カール・マルクス「『ケルン新聞』第一七九号の社説」同上，p.117，S.187.

そして，実現される（べき）普遍的本質と現実に存在する「個」としての人間をむすぶのが「紐帯」（③）である。これがもうひとつの基軸になっていて，この概念によって現実の個人と人間の本質との結びつき方が考察される。個人は，この「紐帯」を通じて普遍的実体（この段階では，理性とそれを実現すべき政治的な世界）とかかわりをもつことになる。この「紐帯」という基軸は，経済学に出会ったあと，市民社会的現実の考察においてより重要な概念となっていく。

そして，このような3つの基軸によって，「市民社会」（④）の現実のあり方が批判的に把握されることになる。市民社会の構造の解明こそが，後のマルクスにとって生涯にわたる主要な考察の対象になるのだが，当初は先に述べたような彼の観念論的で理想論的な視点から，その対極にある市民社会の状況を批判するにとどまっている。

『ライン新聞』時代においては，人間の普遍性を実現すべき議会や法律への期待の大きさの裏返しとして，市民社会は人間的普遍性をまったく含まない「私利の世界」として認識されている。とりわけ身分制議会という当時のライン州議会のあり方[21]は，市民社会的要素である「身分」や「財産」を理性の府である政治の世界に持ち込むものとして批判の対象になっている。身分や財産＝私的所有は私的利害を表現するのだから，身分制議会は「一定の特殊的利害を代表」[22]する「利己心にこりかたまった立法者」[23]たちの集まりであり，「私的利害の代表機関」として「国家を堕落させ」[24]ている。財産という「非人間的なもの，外的で物的な実在」[25]を最高の本質とする「低劣な物質主義」が支配する身分制議会は「国民と人類との神聖な精神に反する」「罪悪」[26]である，という激しい批判が展開されている。

ここではすでに「物神崇拝」という用語によって，物質的な世界である市民社会への嫌悪が示されている。ただし，当時の観念論的マルクスにとっては後

---

21) 当時のライン州議会については，水崎節文〔1960-61〕を参照。
22) 前掲「第六回ライン州議会の議事　第三論文　木材窃盗取締法にかんする討論」p.171, S.235.
23) 同上，p.141, S.211.
24) 以上，同上，p.146, S.215-216.
25) 同上，p.141, S.211.
26) 以上，同上，p.172, S.236.

の物神崇拝と別の意味を持っている。人間の普遍的本質としての精神世界，さらにはその精神性を実現する政治的な世界にたいして，市民社会は物質的な「非本質的」世界であり，人間の普遍的本性が存在しない個別的な私利の世界とされている。後に見るように，経済学にふれた当初にも，「市民社会＝非本質的な世界」という認識をマルクスは持ち続けることになる。

このように『ライン新聞』段階においてマルクスが現実の社会的問題と対峙するための論理構造を見ると，その土台となっているのは，人間の本質としての「普遍的理性」や，それを実現するべき「（国）法」や「議会」というヘーゲルから引き継がれたロジックである。出版の自由や盗伐問題といった現実の社会的問題にたいする場合にも，その批判はこうした観念論的な枠組みを中心として構成されている。また，当時の身分制議会にしても，市民社会における身分や財産を議会への「紐帯」としているために，私的利害にもとづく物質主義によって支配されていて，「神聖な精神」を実現する状態にはないというのが市民社会的現実への若きマルクスの厳しい批判の構造である。

2-2.「ヘーゲル国法論（第261節—第313節）の批判」段階

『ライン新聞』時代には，ヘーゲルに依拠してライン州議会の現実的あり様を批判し続けたマルクスだったが，こうした批判を展開するほどにヘーゲルの論理自体を批判する必要性を痛感せざるをえなかった。というのも，ヘーゲルは身分制議会を擁護していたからである。それだけはなく，彼は中世の遺物であるプロイセン王政による君主制にも肯定的な態度をとっていた。理想論的な立場からドイツの現状と向き合っていた若きマルクスからすれば，人間の普遍的な自由の実現を高らかに唱えたヘーゲルが，中世の残滓である君主制のみならず，市民社会の私的利害にまみれた身分制議会を擁護することには納得がいかなかった。

ただし，マルクスは肯定しがたかったかもしれないが，ヘーゲルの現実肯定的な態度には極めてリアリスティックな感覚が示されていると言えなくもない。当時のドイツの政治状況は極めて複雑で，それはドイツという統一単位が存在しないことにも表われていた。後にドイツとして統一される領域には，中世的な特権を有する貴族階級や王侯の領土に，ハンザ同盟以来の自治都市を加えた多様な分邦が混在していた。その中で，一方には急速に勢力を拡大しながらドイツの覇者になりつつあったプロイセン王（とその中央集権的な君主制を支え

る強力な官僚制）が存在し，他方には成長しつつあるブルジョア階級とまだ未発達な労働者階級が存在するといった多様な勢力によって構成されていた。こうした多様な勢力が入り乱れる当時のドイツでは，議会制度もまた各勢力の妥協とバランスの上に成り立っていた[27]。しかも，領域内の各地で各勢力の強弱が斑模様に違っているだけに，状況はいっそう複雑になる。マルクスの活動の中心だったラインラントではすでにある程度ブルジョア階級が発達していて自由主義的雰囲気があったが，1815年にプロイセンに併合されたことで君主制による中央集権化という重い雰囲気の中で，議会のあり方そのものが模索されている段階だった。先のマルクスのライン州議会にたいする批判もそうした歴史的文脈の上にある。

　そんなドイツの混迷をよそに，19世紀のヨーロッパでは，周辺の他国ははるか先に進んでいた。18世紀後半に産業革命をなしとげたイギリスは他の追随を許さないほどの経済力を身に着けていた。ドイツでもラインラントを中心にブルジョアジーが育ちつつあったとはいっても，世界を相手に大量の工業製品を輸出するイギリスの資本家とは比べ物にならなかった。また，同じく18世紀後半にフランス革命をなしとげた隣国フランスは，中世の残滓である王制を打倒して共和制を実現していた。しかし，完全な民主制を実現できるほど民衆が成熟していなかった後進国ドイツでは，共和制によって国の進路を民衆の選択に委ねることは非常に危険なことだった。

　新興強国プロイセンの中心であるベルリンで教鞭をとったヘーゲル（1770 - 1831）からすれば，君主制と官僚制，さらには身分制議会を肯定したことは，ある意味ではドイツの現実にそった選択だったと言える。経済的にも，政治的にも遅れをとったドイツとしては，まずはプロイセンの強権の下で統一を進めることが，イギリスやフランスにたいしてドイツの「自由」を実現するために唯一の選択可能な方法だった。ヘーゲルは，プロイセン王を絶対理性の実現者として，各勢力がこの主権者と一体化することでドイツにおける普遍的自由が実現されると説いたが，これは自らの哲学によって後進国ドイツの現実的課題にたいする解決策を提示したものかもしれない。実際，その後のドイツが，プロイセンを中心とした中央集権的な国家主導の経済開発によって急速に工業化

---

27) 当時のドイツの勢力構造と議会制度の変化については，的場かおり〔2001〕を参照。

をなし遂げていった歴史的経過を見る限り，ヘーゲルの分別は必ずしも的外れではなかった。

　しかし，理想論に燃える若きマルクスには，そうした現実妥協的なヘーゲルは許容できなかった。ただし，彼はヘーゲルの老獪な現実への妥協を非難することにとどまらず，なぜヘーゲルは間違ったのかを自らの論理によって明らかにしようとした。そのために，1843年の「ヘーゲル国法論（第261節─第313節）の批判」（以下，「国法論批判」と略記）という著述において，ヘーゲルへの本格的な批判を展開することになる。この過程で彼はヘーゲルからの脱却を開始することになった。

　ヘーゲルはどこで道を踏み誤った（とマルクスは考えた）のか。彼が探り当てた原因は，「理性」の捉え方にあった。「天上から地上へ」または「主語と述語の転倒」というフレーズによって特徴づけられるこの批判的な著述においてマルクスは，ヘーゲルが理性を「人間の本質をその現実的，人間的現存において」ではなく，「一つの想像上の個体性としてはたらかせ」[28]ていることに根本的な誤りがあると考えた。つまり，ヘーゲルが説く「理性」とは彼が先験的に理性的と考えた分別のある理性であって，現実の人間の精神を反映したものではない。こうした天上の理性から現実を説くことで，「国家から出発して，人間を主体化された国家たらしめ」[29]ることができるのであり，「主体的なものが逆に客体的なものに，そして客体的なものが逆に主体的なものに転じ」[30]ることができる。つまり，ヘーゲルの「理性」は現実の人間とは切り離されて，先験的に想像上に存在しているのだから，「理性」についての彼の想定次第で現実は何とでも正当化できるのだ，というのがマルクスの批判である。

　それにたいしてマルクスは，現実の人間＝「地上の理性」を出発点に据えることでヘーゲルを乗り越えようとする。ただし，それはまだヘーゲルから抜け出すための小さな一歩にすぎなかった。というのも，「天上から地上へ」とは言っても，それ自体はヘーゲル的な観念論からの全面的な脱却，つまり唯物論へ

---

28) 以上，カール・マルクス「ヘーゲル国法論（第261節‐第313節）の批判」，『マルク 29ス・エンゲルス全集』第1巻，p.274，MEGA Band Ⅰ／2，S.40.

29) 同上，p.263，S.31.

30) 同上，p.274，S.40.

31) 同上，p.247，S.17.

の移行を意味してはいないからである。ここで批判の起点となっているのは,「真の出発点である己れを知りかつ己れを欲するところの精神」[31]であり,「国家を成す諸主体の精神」[32]である。つまり,「天上の理性」から「地上の理性」——「現実的な人の理性」[33]——への転倒があったものの,この段階でもマルクスは観念論の枠内にあり,先の①の「人間の本質」はなお「精神」や「理性」として捉えられている。

とはいえ,「天上の理性から地上の理性へ」という転倒を通じて,マルクスの社会把握の方法は大きな発展を見せることになった。というのも,これによって現実の人間のあり方を出発点として「国家」を考察するというヘーゲルとは逆のロジックを組み立てることができたからである。これが,マルクス独自の社会把握の方法を確立するための第一歩になっている。彼は「地上の理性」を出発点として「現実的な主体から発足してこの主体の客体化」[34]として国家の存立構造を解明していく。

この起点となっているのが,現実の市民社会に暮らす「地上の理性」の『矛盾』である。この段階でも,市民社会についてのマルクスの認識は,「非本質的な世界」と見なしている点では前段階と変わっていない。それゆえ,(地上に引き下ろされたとはいえ)人間の本性である理性が常に自由と普遍性を求めているのに対して,物質的な私利と私的身分が支配する市民社会では「その本質的活動は普遍的なものを目的にもつという規定はもたない」[35]のであり,そこにおける個人の現実は「原子論的在り方」[36]をしていて,なんら人間の類的普遍性が存在していない。

そして,こうした矛盾に満ちた市民社会の「私的な在り方」から,「自分たち自身の疎外の肯定態」[37]として国家が存立する構造が語られることになる。「国法論批判」の段階の積極的な前進は,「疎外」を用いることによって,市民社会の矛盾からその疎外態としての国家の意味を明らかにするという独自の社会把握の方法を獲得している点にある。市民社会における人間は,自らの私的利益

---

32) 同上，p.256，S.25.
33) 同上，p.260，S.28.
34) 同上，p.256，S.24.
35) 同上，p.315，S.85.
36) 同上，p.319，S.88.
37) 以上，同上，p.265，S.32-33..

のために行動する原子的で個別的な人間として存在し，人間の普遍的な本性は
まったく実現されることがない。このような市民社会の矛盾が疎外されて，人
間の普遍的本性を実現するのが「政治的国家」であるとされる。

　現実的な市民社会の矛盾と，その疎外態として政治的な世界の存立構造を解
明するロジックには，マルクス自身が明示的に述べているようにフォイエルバ
ッハの宗教批判が援用されている。現実の世界における有限な人間のあり方が，
その疎外態として普遍的な存在である「神」を生み出すというフォイエルバッ
ハの論理と，市民社会の私的な人間の矛盾したあり方が，普遍的本性を実現す
るものとしての政治的な世界を生み出すというマルクスの論理は構造的にアナ
ロジカルである。それゆえ，「政治体制はこれまで国民生活の宗教圏，宗教だっ
たのであり，国民生活の現実性の地上的定在に相対する国民生活の普遍性の天
国であった」[38] としている。ここでは，ヘーゲルを逆転させた地上の理性＝市民
社会における人間の姿を出発点にすることで，個別的な私利の世界としての市
民社会の矛盾が疎外されて，人間の普遍的な理性を実現するために国家や議会
が存立するという構造が明らかにされている。

　フォイエルバッハ的疎外論を，市民社会の構造を解明するために応用しよう
とするマルクスの姿勢は，後の『独仏年誌』における論稿でより意識的に明確
化される。そして，疎外論の集大成とも言えるのが『経哲草稿』における「疎
外された労働」である。ただし，このことが労働価値論の拒否につながってい
ることは後に述べる。そして，疎外論が市民社会（＝資本主義社会）を解明す
る上で決定的な限界を持っていたことから，最終的にマルクスはフォイエルバ
ッハを克服しなければならなくなる。ただし，この段階ではフォイエルバッハ
を足掛かりにすることで，ヘーゲル哲学から脱却するための第一歩を踏み出す
ことができたのである。

　そして，この疎外の構造によって，マルクスは市民社会と国家の分断と対立
という近代社会の特徴を明らかにする。国家批判として獲得された新たなロジ
ックを使って，まずマルクスが批判の対象としたのは「君主制」だった。つまり，
ヘーゲルが先験的に想定した普遍的理性を実現するものとして肯定した，ひと
つの主権をもって国民を包摂するような国家である。マルクスは，当時のドイ
ツ（プロイセン）の君主制は，市民社会的な私利の世界の矛盾が政治的な普遍

---

38) 同上，p.265, S.33.

性の世界としての疎外されたものであり，「君主制」こそが「この疎外の完璧な表現」[39] だと述べている。「私的意義」しか見いださないような市民社会にはなんらの「政治的な意義」も見いだせないのであり，このような現実の市民社会から完全に切り離された国家主権 —— 君主制 —— という姿によって人間の普遍性の疎外は完全に実現される。だからこそ，こうした君主制は疎外の完成形なのである。

　それゆえ，最初マルクスは市民社会の疎外を克服するものとして，君主制にかわる「民主制」への期待を表明している。問題は，現実的な人間と切りはなされた君主制という政治権力を現実の人間に取り戻すことであり，マルクスは民主制によってこれが可能になると考えていた。彼は，「君主の主権か，国民の主権か，これが問題なのである」[40] として，「（政治的）体制の類」としての民主制こそが「国民の体制」を実現し，「それの現実的根拠である現実的人間，現実的国家のなかへつねに連れもど」[41] してくれると考えていた。「民主制にしてはじめて普遍と特殊との真の一体性なのである」[42]，と。こうした「民主制」への期待は，人間の普遍的な本性は国家あるいは議会といった政治的世界において「実現」されるとこの段階でもなおマルクスが考えていたことを示している。

　ところが，こうした君主制批判のロジックを突き詰めていくことで，マルクスの民主制への期待は急速に萎んでいくことになる。というのも，たとえ民主制が実現しても，私利に支配された市民社会の矛盾はなくならないという事実にマルクスは気づいたからである。それゆえ，マルクスの君主制への批判 —— 市民社会と政治的世界の疎外と分離の構造 —— は民主制にも同様にあてはまる。むしろ，民主制においてこそ両者の分断の構造が明らかになる。市民社会における身分や財産が問われない完全な民主制の方が，両者の分離が明確に表われるからである。

　ヘーゲルは，君主制と市民社会との分離という事態にたいして，両者の間に「官僚制」と「（身分制）議会」という「仲介者」をおいて社会の一体性を説こうとした。このロジックは，その後にドイツが範となった国家主導型工業化モデルを哲学的に説明している点で，とても興味深いものである。当時の後進国ドイ

39) 同上。
40) 同上，p.262，S.29.
41) 以上，同上，p.263，S.31.
42) 同上，p.264，S.31.

ツの問題は，イギリスやフランスに追いつくためには，国家（政治）と市民社会（経済）の関係はどうあるべきかという点にあった。19世紀にドイツが採った道，つまり中央集権的な国家の主導によって市民社会（資本主義社会）の発展を進めるためには，有能な官僚制と，安定与党が支配する議会が必要とされる。国家主導による資本主義社会の促成的育成には，国家（政治）と市民社会（経済）をつなぐこうした媒介者が不可欠なのである。このことは，19世紀から20世紀にかけての日本はもとより，その後の新興工業国の歴史が証明している。

しかし，こうした現代的な後知恵は，当然マルクスにはない。彼は，「仲介者」によって両者を接ぎあわせようとするヘーゲルの論理はもちろん，君主制と身分制議会が存在するドイツの現状を批判している。すでにマルクスは，土地や資産といった市民社会的要素である私的所有を，普遍的理性を実現するはずの議会に持ち込むものだとして身分制議会を厳しく批判していた。人間の普遍的本性の「実現」とは，市民社会的要素を政治の中に持ち込むことによって「特殊的利益のために普遍的利益を犠牲にする」[43]ことではなく，現実の人間に政治的な力を取り戻すことである。

ところが，こうしたロジックからすれば，市民社会と政治的な世界の分離は民主制によって完全に実現されことになる。民主制は，財産や身分といった市民社会的要素を議会から切りはなすことで，政治的な「公民」としての平等を建前として成り立つからである。これは現在の私たちの民主制でも同様である。私たちは政治的に一票を平等に行使するにあたって，市民社会における資産の多寡や個人の収入を問われることがない。しかし，それは市民社会における不平等と不自由を政治的な世界と切り離すことで成り立つ平等にすぎない。それゆえ，身分制議会などという中途半端な仲介者が存在しない民主制こそが，市民社会と政治的世界との分離の最高の表現ということになる。彼は，「無制限な選挙および被選挙において市民社会ははじめて現実的に自己自身の捨象へ，換言すればそれの真の普遍的本質的な定在としての政治的な定在へ，高まっている」[44]としている。つまり，民主制によって市民社会的な矛盾が解消されるのではなく，政治的世界からの市民社会の完全な分離が完了するのである。

それゆえ，「国法論批判」の叙述が進むにつれて彼の民主制にたいする期待は

---

43) 同上，p.300，S.67.
44) 同上，p.364，S.130.

明らかにトーンダウンしている。政治的な平等が実現されても，市民社会の矛盾は何ら解決されないからである。前半で述べられていた君主制への批判として構築された論理——市民社会の矛盾と疎外された国家の分離の構造——は，むしろ民主制によって市民社会の捨象が「完了」[45]する。この認識に到達したとき，民主制が人間の普遍性を実現するという幻想もマルクスから消え去ることになった。そこにあるのは政治的世界からの市民社会の分離であって，それによって人間の普遍的な本質が実現されるどころか，市民社会における矛盾はそのまま残されることになる。現実的な例示は，すでに政治的な解放を成し遂げた隣国フランスに存在していた。そこにはむしろ，市民社会における不平等と不自由が堆積していた。ここにおいてマルクスは，たとえ民主制であっても，政治的な領域では人間の普遍的本質は実現されないことを認識することになる。それとともに，市民社会内部の矛盾の解消こそが本当の問題であると認識する段階へと進みつつあった。

　そして，地上の理性が棲む市民社会からの国家批判によって，個と普遍性をむすぶ「紐帯」概念（先の③）についても変化が生じてくることになる。この概念は，『ライン新聞』の段階では，「君主制」と「身分制議会」への批判という文脈で登場していた。先に述べたようにヘーゲルは，身分制議会を「仲介者」とすることによって「国家」と「市民社会」との一体性を展開しようとしていたが，身分や財産という市民社会的要素が政治的な「紐帯」となっていることは前近代的中世の残滓であるとマルクスは考えていた。近代に至る以前には，私有財産こそが「普遍的国家紐帯」[46]であり，個人と政治的世界とをむすぶ「社会的紐帯」[47]であった。それゆえ，市民社会と政治的国家との仲介者として身分制議会を持ち出すことで「ヘーゲルはすっかり中世的立場へずり落ちて」[48]しまうのである。

　こうした前近代的な身分制議会にたいして，近代の民主制においては，私的所有は政治的な世界と個人とを結ぶ紐帯となることをやめる。私的所有を政治的世界への参加の条件としない民主制は，政治からの市民社会の完全な捨象で

---

45) 同上。
46) 同上，p.351，S.118.
47) 同上，p.352，S.119.
48) 同上，p.357，S.123.

あり，両者の分離の完了形である。近代国家の大いなる進歩は，私的所有という社会的紐帯によって政治的な世界と個人とを結びつけることを排除し，これを市民社会——公に対する「私」の領域——に閉じこめて政治的には普遍性（自由と平等）を実現する点にある。民主制では，市民社会における富める者も貧しきものも政治的には平等が保証されているのだが，それは市民社会の現実的な矛盾の捨象によって成り立っている幻想的な平等にすぎないことをマルクスは自らのロジックによって明らかにするに至っている。

　それゆえ，私的所有（における貧富）は政治的世界への紐帯であることをやめて，市民社会という非本質的な社会，まったく普遍的人間性を含まない私的な人間が暮らす社会における「紐帯」として新たな位置づけを与えられることになった。これによって「私的所有」は，個人と政治的な世界を結びつける紐帯ではなく，市民社会内部での個人と個人をむすびつける紐帯として新たに考察される。それゆえ，このあとマルクスが経済学と出会った時に，「私的所有」の交換としての価値や貨幣を市民社会において個人を結ぶ「紐帯」として考察することになる。

　これまで見てきた「ヘーゲル国法論の批判」段階でのマルクスの論の構造を前章で述べた「基本的な座標軸」にそってまとめておきたい（図1―1を参照）。まず，この段階でマルクスはヘーゲル批判を本格的に開始したが，①の「人間の普遍的な本質」はなお理性や精神の次元にある。「天上から地上へ」という変化によって，先験的な国家理性などではなく，市民社会の中にある「現実の理性」を社会把握の出発点に据えるものの，なお観念論的な土台からは脱却していない。

　ただし，この段階でのマルクスの大きな変化は，市民社会における現実的人間を出発点とすることによって，政治的な世界と市民社会との関係を自らの論理で再構築した点にある。その際の拠り所となったのがフォイエルバッハの疎外論だった。市民社会に存在する個人は私利に支配され，私的に切り離された原子的なあり方をしていて，人間の類的な普遍性をまったく含まない。そうした現実の人間の矛盾が，普遍性を実現するために政治的な世界を疎外態として存立させるという構造が解かれている。

　こうした疎外論的社会把握によって君主制を批判したマルクスだったが，こうした市民社会的現実の疎外と政治的な世界の分離の構造は民主制にも同様に当てはまる。それゆえ，たとえ民主制が実現されたとしても，そこで市民社会

的な矛盾は何ら解消されないことをマルクスは認識することになった。

　この認識によって，②の「本性の実現」という点についての大きな変化が起こる。この後，政治的な次元で人間の普遍的本性が「実現」されるという考えを否定する段階にマルクスは進むことになる。本当の問題は，市民社会の中にある矛盾と疎外の構造であって，それは政治的な世界では解消することができない。そして，市民社会の矛盾を考察するために重要な役割が与えられるのが③の「紐帯」概念である。身分制議会への批判では，普遍的な政治的世界と市民社会における個人を結びつけていた「私的所有」という紐帯は，非本質的な市民社会において個人と個人を結びつける紐帯として改めて考察されることになる。つまり，現実の市民社会における「紐帯」として機能している商品の交換価値，さらには貨幣が新たに考察の対象になる。こうした変化がはっきりと現れるのが，次の論稿「ユダヤ人問題によせて」である。

2-3.『独仏年誌』(「ユダヤ人問題によせて」) 段階

　『独仏年誌』に掲載された諸論稿は直接に「ヘーゲル国法論の批判」の続きをなしている[49]。ここに見られる「ユダヤ人問題によせて」において，ヘーゲル批判を通じて獲得された諸論点は，市民社会を考察する枠組みへと大きな発展を遂げることになった。

　この段階でマルクスに生じた大きな変化は，人間の普遍性の「実現」(先の②)が政治的な世界で達成されるという考えと決別した点にある。すでに前項で述べたように，当初君主制への批判として獲得された論理，すなわち市民社会の矛盾と政治的世界の疎外と対立は，むしろ民主制においてこそ完成することが

---

49)『独仏年誌からの手紙』と題された論稿のうちの二つは，発行こそ 1844年のパリ移住以後だが，執筆は「国法論批判」より以前，あるいはその批判的研究の初期であると推察されている。この間の著述の執筆時期について，M・L・E研究所編〔1960〕は，以下のように推定している。

　　1843年 3 月「独仏年誌からの手紙」(1)
　　　　　 5 月「独仏年誌からの手紙」(2)
　　　　　 3 月から夏「ヘーゲル国法論の批判」
　　　　　 9 月「独仏年誌からの手紙」(3)
　　　　　 9 -10月「ユダヤ人問題によせて」
　　　　　10月下旬パリへ

38

明らかにされた。ここからマルクスは，民主制によって政治的世界における人間の自由と平等が「実現」されても，「一般的な人間的解放」[50]にはならないという認識に到達している。民主制における政治的平等は，市民社会的な私有財産の不平等を解消しない。彼は，この著述において「政治的解放は，徹底した，矛盾のない，人間的解放のやり方ではない」[51]ことを明確化している。

ここには，君主制にたいして民主制に期待を表明していたマルクスはもう見られない。「選挙資格および被選挙資格にたいする納税条件を人間が廃止するとすぐさま，人間は私的所有は廃止されたと政治的な仕方で言明する」のだが，「けれども，私的所有の政治的な撤廃によって，私的所有は廃止されないばかりか，かえって前提さえされているのである」[52]。政治的な平等によって実現されるのは，人間の「非現実的な普遍性」[53]にすぎない。「政治的革命は，市民社会をその構成部分に解消するが，これらの構成部分そのものを革命し批判することはしない」[54]のである。本当の問題は「彼の物質的生活」であり，「この利己的な生活のいっさいの諸前提は，国家の領域の外に，市民社会の中に，しかも市民社会の特性として存続している」[55]ことである。それゆえ，「政治的解放は，たしかに，一大進歩である」が，「人間的解放一般の最後の形式ではない」[56]。こうして，真の人間の普遍性の実現としての「現実的な，実践的な解放」[57]がマルクスの中心的な問題となる。

この「実践的な解放」とは，私的所有が支配する市民社会的現実からの人間の解放である。解決すべき問題は，市民社会の内部にある疎外に完全に移行している。より具体的には「貨幣からの解放」こそが人間の普遍的解放である，とされる。マルクスが「貨幣からの解放」を人間の真の解放として位置づけて

50）カール・マルクス「ユダヤ人問題によせて」，『マルクス・エンゲルス全集』
第1巻，p.388，MEGA Band Ⅰ／2，S.145.
51) 同上，p.390，S.147.
52) 以上，同上，p.391，S.148.
53) 同上，p.393，S.149.
54) 同上，p.406，S.162.
55) 以上，同上，p.392，S.148.
56) 以上，同上，pp.393-394，S.150.
57) 同上，p.394，S.150.

いるのは，貨幣が「人間の自己疎外の最高の実際的表現」[58] であり，「貨幣は，人間の労働と存在とが，人間から疎外されたものであって，この疎外されたものが人間を支配」[59] するからである。

　ここで，人間の「本質」（先の①）についてのマルクスの認識もまた大きく変わっていることがわかる。これまでは，天上であれ地上であれ，「理性」や「精神」が人間の本質と考えられていた。しかし，先の引用に見られるように，疎外されている人間の本質は「労働と存在」である。そして，現実的な市民社会内部で「労働と存在」を人間に復帰させることが「解放」であることを明確化している。「あらゆる解放は，人間の世界を，諸関係を，人間そのものへと復帰させること」[60] であり，「その（個別的人間のままの――引用者）経験的な生活において，その個人的な労働において，その個人的な関係において，類的存在になったときにはじめて」，「人間的解放は完成されたことになる」[61] としている。後の段階と比べると，「生活」，「労働」や「関係」などが人間の本質としてあげられていて，まだ「労働」が中心的な類概念とはなっていない。しかし，観念論的な人間の把握から踏み出して唯物論へと大きく進んでいることが確認できる。

　それゆえ，解明されるべきは，市民社会における疎外の構造である。市民社会と国家の分離が完成することで，政治的に仮象的な普遍性が実現することの対極として，市民社会に実現されるものは「物質主義の完成」[62] である。それは普遍的規定をなんら含まない完全に「利己的」な世界であり，「市民社会」は「すなわち欲望と労働と私利と私権の世界」[63] である。そして，「利己的欲望の支配下では，自分の生産物および活動をある外部の存在の支配下」におくのであり，その「外部の存在」こそが「貨幣」[64] である。「貨幣」は「あらゆるものの一般的な，自立的なものとして構成された価値」であり，「世界全体から，人間界か

---

58) 以上，同上，p.409, S.164-165.
59) 同上，p.411, S.166.
60) 同上，p.407, S.162.
61) 同上，p.407, S.162-163.
62) 同上，p.405, S.161.
63) 以上，同上，p.406, S.162.
64) 以上，同上，P413, S.168.

らも自然からも，それらに固有の価値をうばって」[65]しまう。マルクスは，「国法論批判」段階では政治的世界に神を見出していたが，この段階では市民社会における「貨幣」にフォイエルバッハ的な「神」を見いだしている。

そして，こうした物質主義が支配する市民社会の現実的な疎外である「貨幣」は，この社会における個人と個人を結びつける「紐帯」として考察されることになる。ただし，前の段階で市民社会を非本質的な世界と見ていた延長線上に，貨幣は市民社会における「非本質的紐帯」[66]として位置づけられることになる。市民社会において「彼らを結合する唯一の紐帯は，自然的必要，欲望と私利，所有と利己的一身の保全，であ」[67]り，市民社会は「人間を類としてむすびつけるあらゆる紐帯をひきさき，利己主義，私利的欲望をこの類的紐帯におきかえ，……（中略――引用者）……アトム的な個々人の世界に解消する」[68]。マルクスはこの後，イギリス古典派経済学との出会いを通じて，市民社会の現実を支配する貨幣や価値という経済的カテゴリーの研究を本格的に開始するが，その最初の段階である「ミル評注」においても，それらを「疎外された」市民社会における「非本質的な紐帯」として考察することになる。

2-4. 労働価値論以前の労働価値論の形成過程のまとめ

ここまでのところで，経済学（労働価値論）に出会うまでの間に，マルクスの社会認識，あるいは社会把握の方法がどのように発展してきたかを検証してきた。この時期の彼の論理はいくつかの基本的な座標軸にそって変化している。これは，彼が社会を見る場合の基本的な問題関心を示していると言える。その中心にあったのは，人間の普遍的「本質」とその「実現」のあり方というドイツ哲学的な問題意識だった。こうした基軸をもとに「紐帯」概念を拠り所として，「市民社会」のあり方を把握しようという基本的な構造が形づくられている。先にあげた①～④の4つの基軸を中心として，その変化を図式的に表現すると，図1－1のようになる。

まず，最初期の社会批判は，ヘーゲル的なドイツ観念論を足場にして展開さ

---

65) 同上，p.411，S.166.
66) 前掲『マルクス　経済学ノート』p.97，S.452.
67) 前掲「ユダヤ人問題によせて」p.403，S.159.
68) 同上，p.412，S.168.

図1－1．労働価値論にふれる以前のマルクスの社会把握の方法論的発展過程

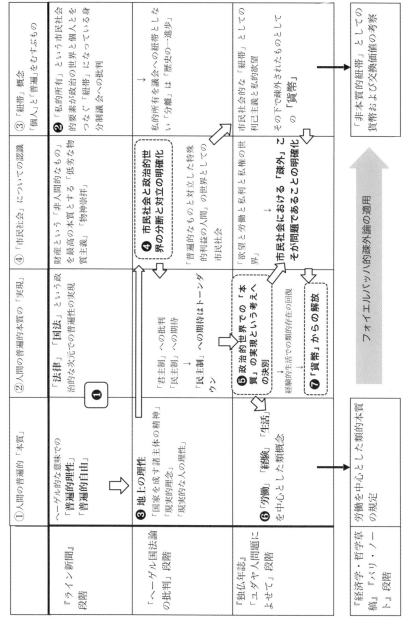

れている。『ライン新聞』段階では，ヘーゲルと同様に人間の普遍的本性を「精神」あるいは「理性」ととらえる地点から出発したマルクスは，その実現は政治的な次元，つまり国法と議会のあり方によって達成されると考えていた。これが出発点である（**❶**）。しかし，現実の議会は「身分制議会」であり，人間の普遍的理性を実現すべき議会に「私的所有」という市民社会的要素が入り込んでいること，つまり，私的所有が（人間の普遍的本性を実現すべき）議会への「紐帯」となっていることをマルクスは激しく批判している（**❷**）。

「ヘーゲル国法論の批判」段階では「天上から地上へ」という変化によって，ヘーゲル的な抽象的な理性ではなく，現実的な人間の理性を社会分析の出発点とする段階に進むことになった（**❸**）。この時点ではまだ人間の本性が「理性」であるとする地点から脱していないのだが，現実の人間を出発点に据え，その市民社会における矛盾から「疎外」論を用いることで政治的世界の存立構造を明らかにした（**❹**）。私利によって分断されている矛盾した市民社会のあり方が，その疎外態として政治的な世界の普遍性を生み出すのである。こうした市民社会からの政治的世界の疎外と分断の構造は，民主制によって完成する。完全な民主制は，市民社会的な要素をいっさい切り離すことで，仮象的な普遍性＝平等を政治的世界で実現するからである。それゆえ，民主制が実現されたとしても市民社会における矛盾は止揚されない。それどころか，政治的な世界で人間の普遍的平等が実現されることで，市民社会の矛盾は矛盾のまま存続し続けることになる。

こうした批判的結論を経て，『独仏年誌』における『ユダヤ人問題によせて』の段階では，政治的な解放は人間の真の解放にはならないという重要な認識に到達する。ここで，民主制という政治的次元で人間の解放が実現されるという考え方と決定的に決別することになる（**❺**）。そして，「経験的生活」や「労働」といった「現世の問題」の次元において人間の類的本性を把握しなおすことによって（**❻**），市民社会内部でその人間的本質を取り戻すことが人間の真の解放だと考えるようになった。これが，「貨幣からの解放」である（**❼**）。

古典派経済学，さらには労働価値論に接する以前にマルクスの思考はこのような経過を経て形作られており，これが労働価値論形成の前史となっている。これまで考察した1844年に先行する諸著作から再度確認しておくべき点は，マルクスの労働価値論は，労働論，あるいは価値論として形成されてきたわけではないということである。マルクスの社会考察の枠組みは，先にまとめた４つ

の基軸を中心として発展している。経済学と出会った『経哲草稿』および「ミル評注」の段階では，すでに形成されていた「本質」の延長線上に「労働」の考察が，そして「紐帯」の延長線上に「（交換）価値」および「貨幣」の考察が位置づけられることになる。労働価値論の拒否および受容の過程は，①の「本質」と③の「紐帯」を結びつける方法に規定されている。次節の内容をあらかじめ図に記しておくと，『経哲草稿』段階のマルクスは，人間の本質としての「労働」と，市民社会的紐帯である「交換価値」や貨幣をフォイエルバッハ的疎外論によって結びつけようとする。そして，その必然的な結果として，マルクスは労働価値論を拒否することになるのである。

　経済学との出会いとともに，いよいよ市民社会における疎外とその解放に向けた経済学的な考察が始まろうとしている中で，現実の市民社会の考察において特に重要な役割を演じるのが「紐帯」概念である。これを用いることによって，市民社会において諸個人を結びつけている貨幣や交換価値が考察される。この段階では労働価値論を採用していないマルクスが交換価値や貨幣に鋭い考察を与られたのは，紐帯への一貫した関心からである。後の展開をあらかじめ述べておくならば，個人と個人，個人と普遍を結びつける関係，および形態を表わす「紐帯」概念が，最終的には「生産関係」という概念へと成長していくことになる。

第3節　『経哲草稿』，および『パリ・ノート』段階での労働価値論の拒否

3-1.「疎外」をめぐる問題

　マルクスは，1844年から本格的に経済学の研究，すなわちイギリス古典派経済学の批判に着手することになる。これには，『独仏年誌』に掲載されたフリードリッヒ・エンゲルスの論稿「国民経済学批判大綱」が大きな刺激になったとされている。それまでドイツ哲学の中で社会批判の土台を練り上げてきたマルクスは，文脈を異にする異国の先行理論の批判を根本的な次元で行おうとする。というのも，疎外概念を用いて市民社会を批判するという自らの中に成長していた方法論によって，経済学をより深くレベルで批判できるという確信が彼にはあった。その試みが，「疎外された労働」によって特徴づけられる『経哲草稿』

と，同時代の『パリ・ノート』の叙述である。

そして，すでに述べたように，この時期のマルクスは労働価値論を拒否している。これは，マルクスが古典派経済学に無知だったからではない。当時の彼が社会把握の方法として疎外論を用いたことから，その必然的結果として労働価値論を拒否したのである[69]。

初期マルクスを特徴づける重要な概念である「疎外」は，マルクス経済学の中で長く論争の種となってきた。若きマルクスが高い熱量をもって語る人間社会の「疎外」は魅力的な叙述であるが，その後マルクスが経済学体系を構築していく段階では，前面には出なくなっていく。それだけに，「疎外」という概念の連続／断絶が，初期マルクスと後期マルクスの連続／断絶という問題にかかわって，しばしば論争になってきた。確かに，『経哲草稿』で展開される「労働者の疎外された状態」の解明がマルクスの終生の課題であったことは疑いない。「連続性」を主張する論者の多くがこだわるのはこの点である。疎外という言葉が多義的なだけに，そうした意味での連続性を確認することは可能である。

しかし，ここでの問題は，社会の構造を把握する方法としての「疎外論」であり，フォイエルバッハが人間と神，あるいはキリストとの関係を解明するために用いた「疎外論的」社会批判の方法である。当時のマルクスは強くフォイエルバッハの影響下にあり，この宗教批判のためのロジックを市民社会の考察に応用しようとしている。

---

69) これまでにも『経哲草稿』段階において労働価値論を拒否する理由を「疎外」の使用に求める論は提起されてきた。たとえば，大島清〔1968〕は，「労働の疎外をつうじてつくられる人間と人間の関係は直接的な収奪関係になってしまい，商品生産＝商品交換関係としての社会を形成する人間の社会的関係としては把握され」ないとしている(p.65)。また，ヴォルフガング・ヤーン〔1958〕は，「労働の疎外理論によって，(――中略――) 資本と労働の交換の問題に立入ることなしに，人間による人間の搾取を説明しようと試みた」(p.25) としている。これらの論は，「疎外」を使うことによって，交換価値や貨幣を介さずに，直接に資本と労働者の対立(搾取) 関係が考察されるので，労働価値論は不要となる，あるいは拒否されたとしている。これは間違いではないが，より正確に言えば，疎外を用いると，資本と労働者の直接的な対抗関係「しか」描き出すことができないのである。本章で後に述べるように，神と人間の直接的対抗関係を描き出すフォイエルバッハ的な疎外論では，交換価値や貨幣を考察できない点が問題である。

　その結果として彼は労働価値論を受容することができなかったのだが，それ
だけではない。マルクスが経済学の諸カテゴリーへの考察を深めるほどに，市
民社会の構造を考察する理論として，疎外論は決定的な限界に突き当たらざる
をえなかった。大きな問題となったのは，「疎外」というフレームを使う限り，
価値・貨幣関係を十分に把握することができないことだった。もともと疎外論は，
「人間の類的本質」からキリストや神を把握するためのフレームであって，人間
相互の現実的な社会的関係を描写するために使えるものではなかったからであ
る。それゆえ，1844年の著述には，マルクスが疎外論を用いて試みた記念すべ
き最初の経済学分析と同時に，その限界もまた示されることになる。

　しかし，社会把握の方法として疎外論が決定的に不十分であったことが，マ
ルクス自身の社会認識の方法を大きく発展させることになった。フォイエルバ
ッハ的疎外論を克服する過程で，マルクスは独自の社会認識の方法である唯物
論的弁証法を確立するに至るのだが，その経過については次節で明らかにする。
ここではまず，1844年の『経哲草稿』および『パリ・ノート』段階のマルクス
が労働価値論を受容しなかった理由はフォイエルバッハ的「疎外」論を市民社
会の分析に適用したからだという点を明らかにする。そしてさらに，「疎外」と
いう社会認識のフレームが，市民社会における人間相互の社会的関係を分析す
る上で持っている固有の難点にマルクス自身が突き当たらざるをえなかったと
いう点を『パリ・ノート』を中心として示す。

3-2. 人間の類的本質としての「労働」

　前節で述べたように，マルクスの社会批判のロジックはすでに経済学と出会
う前から形成されていた。彼は，新たに考察の対象となったイギリス古典派経
済学を，彼自身が練り上げてきた社会批判の枠組みの上に置くことで，より掘
り下げたレベルから批判することができると考えていた。そこでまず，「国民経
済学」が「富の主体的本質」としての労働を発見したことを「開明的」[70] である
と高く評価し，『経哲草稿』自体もこうした「国民経済学の諸前提から出発」[71]
することから批判を始めている。

　すでにマルクスは「ユダヤ人問題によせて」において，「理性」や「自由」を

---

70) 前掲「経哲草稿」p.451，MEGA Band Ⅰ/2, S.383.
71) 同上，p.430, S.363.

人間の本質とする観念論的認識から脱却して，現実の生活における人間から社会を把握するという唯物論的認識に大きく踏み出していた。ただし，そこでの類的本質は「経験的な生活」や「個人的労働」とされていた。そこでは労働がすでに登場しているものの，それは「生活」などと並ぶ一要素に過ぎなかった。それが，『経哲草稿』では，古典派経済学批判を通じて，「労働」こそが人間の主体的な本質であるという認識が明確化されている。

　人間の類的本質としての「労働」という考え方は，『経哲草稿』第一草稿における〔疎外された労働〕の部分で繰り返し述べられている。

　「生産的生活は類生活である。それは生活を生み出す生活である。生活活動の仕方のうちに一つの種の全性格，それの類性格があるのであって，そして自由な意識的な活動は人間の類性格である」[72]。また，「まさに対象的世界の加工においてこそ人間ははじめて現実的に，一つの類存在であることの実を示す」としている[73]。

　ここでは「生産的活動」や「生活活動」となっていて，直接的に「労働」という概念が用いられているわけではない。また，ところどころで否定的な意味で「労働」が使われるなど「労働」の概念的内容には多少の揺らぎが見られる。しかし，「疎外された労働」というロジックが使われていることからもわかる通り，人間の本質としての「生産的生活」である「労働」が市民社会分析の中心に設定されている。

　ただし，注意すべきは，当該箇所で述べられているマルクスの労働概念は，フォイエルバッハ的な意味での「類的本質」の延長線上にあるという点である。つまり，人間にとっての労働の類的性格は，「人間を直接に動物的生活活動から区別する」[74]という言葉に象徴されるように，個別的に存在する人間の活動からの代表単数的な抽象物として導き出されている。いわば，後のマルクスが批判するように，「『人間なるもの』という抽象物」の次元で，「類のなかでの平均化」[75]として把握されている。

---

72) 同上，p.436，S.369.

73) 同上，p.437，S.370.

74) 以上，同上，p.437，S.369.

75) 以上，カール・マルクス，フリードリッヒ・エンゲルス「ドイツ・イデオロギー」，『マルクス・エンゲルス全集』第3巻，大月書店，p.41，MEW 3，S.45.

後にマルクスは「フォイエルバッハにかんするテーゼ」において，フォイエルバッハにあっては「人間性は一個の個人に内在する抽象物」であり，「本質はそれゆえにただ『類』としてのみ，内なる，無言の，多数個人を自然的に結び合わせる普遍性としてのみとらえられうる」[76]として批判するが，「疎外された労働」を展開する際のマルクスの労働についての把握はこの次元にある。「ミル評注」でマルクスが直面することになる課題とかかわるのであらかじめ述べておくならば，そこには労働における人間と人間との関係，つまり労働の社会的性格は含まれていない[77]。この時点のマルクスの「労働」概念は，後の彼自身がフォイエルバッハを批判するのと同じく「人間を彼らの与えられた社会的関連のなか中でつかむこと」[78]をしていないのである。

3-3. 疎外論による労働価値論の拒否

こうした「類的本質」としての労働を起点としてマルクスは現実の市民社会を考察しようとするのであるが，そのための方法的枠組みとして採用したのは，フォイエルバッハの影響を強く受けた「疎外」論的社会把握だった。先にみたように，すでにマルクスは「国法論批判」から「ユダヤ人問題によせて」の段

---

76) カール・マルクス「フォイエルバッハに関するテーゼ」，『マルクス・エンゲルス全集』第3巻，大月書店，p.4，MEW 3, S.6.

77) 『経哲草稿』の〔疎外された労働〕に登場する「蜜蜂やビーバーや蟻等々」の活動と対比して述べられる人間の「意識的な生活活動」（以上，前掲書 p.437, S.369.）は，クモやミツバチとは異なった「合目的的な意思」による活動であるという叙述は，後の『資本論』第5章第1節における「労働過程」との類似を想起させる。『資本論』における「労働過程」は，労働の自然的側面と対応するものであり，「労働者を他の労働者たちとの関係において叙述する必要」がないものとして，「一方の側に人間とその労働，他方の側に自然とその素材があれば，それで十分であった」（以上，カールマルクス『資本論』第一部，資本論翻訳委員会訳 新日本出版社，p.314，Karl Marx-Friedrich Engels Werke,Band23 "Das Kapital" Erster Band, Dietz Verlag, Berlin, S.198-199.）と述べられている。つまり，そこには労働の社会的側面は含まれていない。

78) 前掲「ドイツ・イデオロギー」p.40，S.44.

階で，疎外論を用いた現実の市民社会の分析に着手していた[79]。マルクスはこの時期，現実の人間を出発点とすることで展開されるフォイエルバッハのラディカルなヘーゲル批判を高く評価している。

　そんな彼にとって，「疎外」論を使うことで，人間の類的本質としての「労働」から現実社会における私的所有の本源的な意味を措定し，国民経済学的事実をさらに深い次元で批判的に把握し直すことができると考えたことは十分に根拠のあることだった。実際にマルクスはそうしたのであり，図1－1にあらかじめ示したように，類的本質として把握された「労働」から，その疎外態としての「私的所有」，さらには「貨幣」の存立構造を明らかにしようとした。それが『経哲草稿』における「疎外された労働」である。古典派経済学のように私的所有の主体的な本質を単に労働とするのではなく，「疎外された労働」とすることで国民経済学への批判を展開しようとしている。

　「労働者は富を生産すればするほど，彼の生産が力と広がりを増せばますほど，それだけ貧しくな」り，労働の主体である労働者に対して，「労働が生産するところの対象，労働の産物」が「生産者から独立な一つの力として対峙してくる」[80]という図式は，フォイエルバッハの宗教批判における人間と神やキリストの関係と構造的にアナロジカルである。マルクスにとって，「人が神のうちへ置き入れるものが多ければ多いほど，彼が自己自身のうちにとっておくものはますます少なくなる」という事態は，「宗教においても同様」[81]なのであり，「疎外」論は市民社会における私的所有の分析にも応用できるフレームであると考えられていた。

　しかし，こうした疎外論的社会認識を用いた結果として，マルクスは必然的に労働価値論を拒否せざるをえなかった。本章の冒頭で，この段階のマルクスが労働を人間の類的本質として認識していたにもかかわらず労働価値論を受容

79）ただし，「ユダヤ人問題によせて」段階で疎外されたものとして考察されているのは「貨幣」だったが，『経哲草稿』段階では，疎外されたものとして措定されるのは「私的所有」である。この「深化」が「私的所有」と「貨幣」の関係の解明という新たな問題を提起することになる点については後に述べる。また，市民社会分析への「疎外」の適用について，モーゼス・ヘスの影響を重視する見解も見られる。たとえばトゥーフシェーラー〔1974〕。

80）以上，前掲「経哲草稿」p.431，S.364-365.

81）以上，同上 p.432，S.365.

しなかったことを「問題」として指摘したが，このような言い方は正確ではない。マルクスは，労働を人間の本質として明確に認識したからこそ，労働価値論を拒否したのである。

というのも，フォイエルバッハ的な意味での「疎外」という認識のフレームを用いるならば，人間の本性は疎外された側に移譲され，人間の側には類的本性は残されないことになる。それゆえ，市民社会における人間はその本質である労働を私的所有として疎外しているのだから，現実の人間には「労働」という本質的な契機はもはや残されない。

フォイエルバッハは言う。「神を富ませるためには人間が貧困にならなければならず，神が全であるためには人間は無でなければならない。……（中略——引用者，以下同様）……　人間は自分の本質を神の中に持っている。したがって人間はどうして自分の本質を自分の中に且つ自分のために持つべきであったろうか？……人間が自分から取り去るもの，人間が自分自身ではもっていないもの——そうだ，このものを人間は，他にくらべるものがないほどそれだけますますいっそう高く且ついっそう豊富な度合いでもっぱら神のなかで享受するのである」[82]。それゆえ，「人間はキリスト教においてもっぱら自分自身に集中させ，自分を世界全体の連関から引き離し，自分を自分自身に満足している全体にし，世界の外にあり且つ世界を超越している絶対的存在者にした。人間は自分をもはや世界に所属する存在者とみなさず，世界との関連を中断した」[83]のである。

フォイエルバッハのキリスト教批判では，個別的な人間相互を結びつける紐帯である愛という普遍的な人間的感情は，今や「疎外」によって神やキリストの属性となっている。本来人間の本質的な感情である愛を，神やキリストの属性として疎外しているのだから，「世界との関連を中断した」人間と人間の間には愛という感情は残されない。それゆえ，愛は，個として存在する人間と，疎外された類的本質としての神を結ぶものとしてのみ存在し，人間と人間を結ぶ紐帯とはなりえないのである。

こうしたフォイエルバッハの疎外論をそのまま私的所有に適用するならば，現実の人間と人間の社会的関係の内部には，労働という本質的な契機は残されていないことになる。愛がキリストの属性として疎外されたように，人間の本

---

82) L.フォイエルバッハ〔1975〕（上）p.79.
83) 同上，p.270.（強調は引用者。以下同様）

質である労働はもはや私的所有として疎外されている。それゆえ,「われわれは互いにすっかり人間的本質から疎外されている」[84]のだから,人間相互の間には「労働」という本質的な紐帯はなんら存在していないことになる。それゆえマルクスは,私的所有の本質として労働を「発見」した古典派経済学を高く評価しながらも,人間相互の社会的関係である「価値」の中に「労働」を見出す労働価値論を拒否したのである。

こうした理由からマルクスが労働価値論を拒否していることは,疎外がなくなった「共同体」的社会への言及からも明らかにされる。労働価値論を否定している「リカードウ評注」においてマルクスは,「私有財産を度外視すれば」,「その場合には,自然価格は生産費(労働によって規定される価値のこと——引用者)なのだからである」と述べている。これに反して,私有財産を前提とする国民経済学で問題になるのはもはや単に市場価格だけであるから,「物はもはや生産費と関連させられず,生産費はもはや人間と関連させられず,生産全体がいかがわしい商売と関連させて考察されることになる」[85]のである。つまり,疎外された市民社会における交換は,「生産費」(労働による価値規定)とは無関係であり,「人間」の類的本性である労働と関係づけられないのである。

3-4. フォイエルバッハ的疎外論とその困難

しかし,こうしたフォイエルバッハ的疎外論は,現実の市民社会を把握するための枠組みとして決定的な困難を持っていた。労働価値論の拒否はその端的な表われであるが,それ以上に大きな問題が,交換価値と貨幣という市民社会における現実的関係の考察において現れることになる。

フォイエルバッハ的疎外論は,もともと個別的(あるいは代表単数的に存在する)人間の本性から神やキリストを概念的に把握するために用いられたフレームである。問題は人間と神の関係であって,疎外された神やキリスト相互の関係ではない。そもそも唯一者としての神やキリストは他者との社会的関係を取り結ぶことはない。

ところが,疎外された労働としての「私的所有」は現実の市民社会の中で人間と人間を取り結ぶ「紐帯」として社会的関係を担っている。「疎外」論的把握

---

84) 前掲『マルクス　経済学ノート』p.116, S.464

85) 以上,同上,p.52, S.406.

では，人間と神との直線的な対立関係は描写できても，現実の人間相互の社会的関係である「私的所有の交換」を把握することができないのである[86]。

この困難が集中的に現れているのが，「ミル評注」における「交換」さらには「価値」と「貨幣」の分析である。従来指摘されているように，この著述の大きな特徴は，労働価値論を用いることなしに，後の価値形態の分析に通じるような交換と貨幣の考察が行われる点にある[87]。こうした考察は1844年の段階で突然現れたものではない。これらは，すでに労働価値論に接する以前から形成されていた「紐帯」の延長線上に展開されている。

もともと「紐帯」は，個別的に存在している人間を，絶対精神という類的本質および普遍性とつなぐ概念として用いられていた。それが，『ユダヤ人問題によせて』では，市民社会における人と人とを結ぶ「紐帯」という概念へと転化し，貨幣の考察に用いられている。後に引用するように，「ユダヤ人問題によせて」から引き続き，「ミル評注」でも交換や貨幣の考察には「紐帯」が数多く用いられ，さらには『経哲草稿』第三草稿における「貨幣」についての断片にも登場する。ここでマルクスは，この「紐帯」によって，市民社会内部での個別的な人間を相互に結び付ける媒介様式，つまり，人間相互の「社会的関係」を描写しようする。しかし，この「紐帯」の考察を進めるにつれて，これが「疎外」論と整合的に展開できないという困難に直面することになる。

「ミル評注」段階のマルクスは，フォイエルバッハ的疎外論をさらに適用することで，私的所有の交換，価値，さらには貨幣を「非本質的紐帯」として，つまり人間の類的本質である「労働」という契機を全く含まないものとして，考

---

86) 1844年のマルクスの著作群がどのような時間的経過によって執筆されたものかについてはしばしば論争になってきた。本稿は，『経哲草稿』と『パリ・ノート』をほぼ同時期に成立した一連の著作群として扱っており，論旨の全体はその細かな執筆順に影響されないと考えている。

　ただし，ニコライ・I・ラーピン〔1971〕が推定し，その後多くの論者によって承諾された執筆順，『経哲草稿』第一草稿（〔疎外された労働〕を含む）→「リカードウ評注，ミル評注」→『経哲草稿』第二，第三草稿という順番は，本稿の推論を十分に補強するものであると考えている。この点については，細見英〔1970〕，およびラーピン論文における細見による【訳者まえがき】，中川弘〔1997〕に経過が詳しく記されている。

87) この点の指摘について，例えば武田信照〔1980〕。

察することになる。「われわれの生産は，人間としての人間のためにおこなう，人間の生産ではない。つまり，どうみてもそれは社会的な生産ではない」のだから，「われわれの生産をたがいに結びつける紐帯は，人間的な本質ではない」[88]のであり，「貴君を私に隷属させる紐帯」[89]である，と述べている。

しかし，そこには大きな困難があった。疎外論的宗教批判においては，神の世界に人間の本質を疎外して「無」として存在する人間は，神との関係にのみ耽溺し，現実の「世界との関連を中断し」ている。しかし，市民社会においては，疎外された労働である私的所有が人々を結びつける現実的な紐帯となっている。市民社会の構造を把握するためには，疎外された労働（私的所有）によって社会的関係を取り結んでいる現実の人間を考察の対象としなければならない。しかし，人間相互の現実的な社会的関係である商品の交換，さらに貨幣は，フォイエルバッハ的な宗教批判のフレーム，つまり人間と，その類的本性の疎外態との直接的対抗関係という論理によって概念的に把握することができないのである[90]。

こうした困難は，以下の2点に端的に表われている。ひとつには，私的所有（商品）と貨幣の関係を整合的に展開できない点であり，もう一つには商品交換に現れる人間の社会的性格を整合的に理解できない点である。

まず，最初の点について見てみよう。疎外論が持っている特有の困難は，商品（私的所有）と貨幣の関係を整合的に位置づけることができないことに表われる。すでに「ユダヤ人問題によせて」の段階で，マルクスは「貨幣」を「人間の自己疎外の最高の実際的表現」[91]として把握していた。「ミル評注」においても「いまや貨幣において，……（中略）……疎外された事物の人間にたいする

---

88) 前掲『マルクス　経済学ノート』p.112，S.462-436

89) p.113，S.463.

90) 疎外論が後期マルクスにも継承されているという理解から，「疎外」によって商品・貨幣関係と資本との関係を位置付けようと試みているのが有井行夫〔1987〕である。有井の論理展開は厳密にマルクスに依拠しようとした精密なものであるが，そのためにかなり難解で，しばしばマルクス自身の叙述について無理のある解釈をせざるをえなくなっている。逆説的なことに，彼の論理の精密さが，価値や貨幣の分析に疎外論を用いることの困難さを証明しているように思われる。

91) 前掲「ユダヤ人問題によせて」p.409，S.165.

完全な支配が出現している」[92]とった叙述からすると，こうした認識は引き継がれている。しかし，『経哲草稿』段階では，さらに労働を出発点として，私的所有を「疎外された労働」として，いわば，一段深い次元に考察を掘り下げている[93]。それゆえ，この「私的所有」と「貨幣」という二つの疎外態の関係を明らかにすることがマルクスの新たな課題となった。

　彼はこの課題に，なおフォイエルバッハ的疎外論を用いて，疎外された労働である私的所有が，さらにその本質を貨幣として疎外するという「疎外の二重化」によって応えようとしている。私的所有それ自体が労働の疎外態なのだが，その私的所有のさらなる疎外態として貨幣を位置付けようとしている。これは，このノートにしか見られないロジックである。

　マルクスは，貨幣が私的所有の媒介者であることに注目して，キリストが人間と神との媒介者となるというロジックになぞらえることで，労働と私的所有と貨幣の二重の疎外を説明しようとしている。「ミル評注」において，貨幣を私的所有の交換における「仲介者」だとするミルの考えを適切なものと評価して，この仲介者としての貨幣を，「だからこの仲介者は，私的所有の本質の自己喪失態であり，疎外態である。つまり自己自身に外的となった，外在化された私的所有である」[94]と述べている。人間と神の「仲介者」として機能するのはキリストなので，ここでは仲介者であることをもって貨幣をキリストになぞらえようとする。そして，この二重の疎外を，神と人類との仲介者としてのキリストの関係と重ね合わせて把握しようと試みている。

　「元来，キリストは，（1）神の前では人類をあらわし，（2）人類に向かって神をあらわし，（3）人類にたいして人類をあらわす。

　それと同様に，貨幣は，もともとのその概念にしたがえば，（1）私的所有にかわって私的所有をあらわし，（2）私的所有にたいして社会をあらわし，（3）社会にたいして私的所有をあらわす」[95]。

　マルクスの巧みな叙述にもかかわらず，この重ね合わせはまったくうまくいっていない。このアナロジーを言葉の対応関係でみるならば，

---

92) 前掲『マルクス　経済学ノート』p.105，S.456.

93) ローゼンベルグは適切にこの点を指摘している。ローゼンベルグ〔1971〕
　　p.119.

94) 前掲『マルクス　経済学ノート』p.87，S.448.

95) 同上 p.88，S.448.

　神　—キリスト—人類

　社会—　貨幣　—私的所有

となるが，こうした対応関係には無理がある。

　まず，ここでは「神」と「社会」が対応することになるが，人間の本質の疎外態である「神」は，人間の現実的関係である「社会」とは重なっていない。また，キリストと貨幣の類比にも無理がある。というのも，「仲介者」という言葉のうえでは共通しているように見えても，キリストが人間と神の仲介者であるのにたいして，貨幣は私的所有相互の仲介者であって，私的所有と社会の仲介者ではないからである[96]。こうした困難は，そもそも疎外を二重に用いることに無理があることから生じている。フォイエルバッハの論では，神とキリストを疎外する主体はあくまでも人類であって，疎外された人間の本質である神が，さらに神と人間の仲介者としてのキリストを二重に疎外するわけではない[97]。

　「疎外の二重化」というロジックによって困難が生じる理由を図にまとめると以下のようになる（図1－2）。

【疎外論によるキリスト教批判】

【類的本質しての労働から私的所有，さらに私的所有から貨幣の二重の疎外】

図1－2　疎外論の構造と，私的所有と貨幣の二重の疎外

96）有井行夫〔1987〕は，「マルクスの推理的連結論」として当該箇所での3項アナロジーが『経済学批判要綱』（さらには後の体系）まで一貫して連続するとしている（p.180.）。そこでは「私的所有」が「私的個人」と読み替えられているが，ここで述べられる「私的所有」は後の商品であることは言うまでもない。それゆえ，人類—神という関係（個別と普遍の対抗関係）を，商品（私的所有）—社会という二項の関係の中に見出すことには無理がある。

97）現象的に見れば，「神は人間のために自分の神性を疎外する」（L.フォイエ

　フォイエルバッハの疎外を用いた宗教批判は,「人類とキリスト」,「人類と神」の関係という形で, 人間の類的本性から直線的に展開される対抗関係を明らかにするためのフレームである。もちろん, そこでは神やキリストは相互に社会的な関係を取り結ぶこともない。

　それに対して, 疎外された労働である私的所有相互を結ぶ仲介者が貨幣である。上の場合には, 人間と神の仲介者がキリストだが, 貨幣は私的所有と人間の仲介者ではない。しかも, こうした交換において, 人間は神との関係のみに耽溺して社会的な関係を中断しているわけではない。むしろ, 商品と貨幣によって現実の人間の社会的関係が担われていて, そこには人間の社会的性格が示されている。

　それゆえ, 疎外論を用いる第二の困難は, 交換に現れる人間の社会的性格をどのように理解するかという問題として表われる。フォイエルバッハは「疎外」によって現実の人間の社会的性格を否定し, 世界との関連を中断した人間の姿を描き出した。疎外された本質である神を愛する人間は, 他の人間と愛という関係を結ばない。これを交換に適用しようとすれば, 労働という本質を疎外している人間は, 本来持っている類的性格あるいは社会的性格も失っているはずである[98]。疎外論を用いる限り, 商品の交換や貨幣は本来的な人間の本質を失った「非本質的な紐帯」でしかない。実際, マルクスは「交換をおこなっている人間の媒介的な運動は決して社会的な運動でも人間的な運動でもないし, また人間的な関係でもない。」[99]と述べている。

　しかし, 交換は言うまでもなく現実の人間の社会的関係であり, 人間の必要によって営まれる社会的な行為である。そうである以上, そこには何らかの意味での人間相互の社会的な性格が示されている。一方において疎外論を用いる

ルバッハ〔1975〕p.130.) ことでキリストの受肉が生じる。しかし, 存立構造の批判的解明としては, もちろん疎外する主体は人間である。「神は神自身のために人間になったのではない。人間の困窮や欲求やが受肉の根拠であった」(L.フォイエルバッハ〔1975〕p.130.) というのがフォイエルバッハのキリスト教批判の構造である。

98) 実際,『経哲草稿』第一草稿の〔疎外された労働〕の段階では, 人間の類からの疎外に続いて人間の人間からの疎外を展開することで, こうした論を展開しようとしているように見える。

99) 前掲『マルクス　経済学ノート』p.89, S.448.

56

ことで「何ら社会的な運動」ではないとされた「交換」が，他方において人間相互の現実の社会的性格を示している。疎外によって「世界との関連を中断した」はずの人間が，市民社会の現実の中では「交換」という社会的な関係を取り結んでいること，これをどのように整合的に理解するべきかがマルクスのもう一つの問題だった。

そもそもこの問題は，人間の類的本性を「労働」とすることによって不可避的に発生する問題だった。というのも，「労働」は思惟や感性とは違って，その行為自体が現実の人間の社会的関係の中で営まれていて，それ自体が社会的な概念である[100]。しかも，その社会的性格は市民社会（資本主義社会）においても失われていない。それゆえ，交換と貨幣という現実の社会的関係の分析を深めていく中で，資本主義社会においても失われることのない（フォイエルバッハ的な意味で「疎外」されることのない）「労働」の社会的性格をどのように位置付けるべきかという問題にマルクスは直面することになった。

疎外論を用いることで労働価値論を拒否しているマルクスは，本来の社会的・人間的な関係の反対物である「欲望」あるいは「必要」という非本質的な社会性によって商品交換を説明しようとする。すでに「ユダヤ人問題によせて」において，「彼らを結合する唯一の紐帯は，自然的必要，欲望と私利，所有と利己的一身との保全，である」という論をマルクスは展開していた。「ミル評注」でも，この延長線上に交換の考察を進めていて，「交換ならびに商業」の世界は，私利と欲望に支配されるとしている。人間の類的本質である「労働」は，私的所有の交換を前提とすれば「営利労働」として営まれる。それゆえ先に引用し

----

100) 労働が本来持っている社会的性格について正確に指摘しているものとして中川弘〔1997〕。また，廣松渉〔1983〕は，この「社会的性格」にマルクス論が大きく変化する旋回点を見出だしている。廣松は、代表単数的な人間から「類的本質」を抽出していたマルクスが、「シュティルナーショック」を介して、人間の本質を社会的な次元で把握するようになった，としている。マルクスが人間の本質（としての労働）を社会的関係の中で把握するようになったのは、シュティルナーの論の克服過程としてではなく，本文の通り交換の分析における難点を克服する過程で生じていると考える方が妥当だと思われる。ただし，疎外論の克服過程で，人間の本質を個としての人間ではなく，社会的な関係として把握するようになったとする廣松の推定自体はマルクスの唯物史観の形成についての重要な指摘である。

た通り，「われわれの生産は，人間として人間のためにおこなう，人間の生産ではない。つまり，どうみてもそれは社会的生産ではない」。それゆえ，現実の交換において「われわれの生産をたがいに結び付ける紐帯は，人間的な本質ではない」[101] という論理をマルクスは展開している。

　しかし，それと同時に，交換が「必要」によって営まれる社会的な行為である以上，人間の「共同的な存在」を背後に持っていることは否定できない。商品交換への理解が深まることで，マルクスは労働あるいは生産的活動が人間の類的な社会性を示しているという認識を展開している。そこでは，社会的な関係の中で労働という「類的活動」を営む人間の姿が描かれている。

　「生産そのものの内部での人間の活動のおたがいの間での交換も，人間の生産物のおたがいの間での交換も，ひとしく類的活動であり，類的精神[102] である。そしてそれの現実の，意識的な真の定在は社会的活動であり，社会的享受である。人間は真に共同的な存在である，というのが人間の本質であるのだから，人間はその本質を発揮することによって人間的な共同体を，すなわち，個々人に対立する抽象的な普遍的な力になることのけっしてない，むしろそれ自身が個々人すべての本質であり，かれら自身の活動，かれら自身の生活，かれら自身の精神，彼ら自身の富であるような社会的な組織を創造し，生み出すのである。」という認識に「ミル評注」では到達している。こうした労働の社会的規定は，市民社会（資本主義社会）においても失われていない。「人間の真の共同的存在は，決して反省によって生ずるのではない」[103] のである。

　ここにおける「類的活動」としての生産の規定は，個別的に活動する人間の姿から抽象できるものではない。労働は孤島でのロビンソン的営みでもない限り，社会的な次元で営まれる。マルクスは私的所有の交換の中に，労働が本来持っているこうした社会的性格＝類的性格を認識する段階に進みつつあった。しかし，疎外論を用いる限りは，「この共同的存在は疎外の形態のもとにあらわれる」として，「疎外された人間の社会は人間の真に現実的な共同存在の，つま

---

101) 以上，前掲『マルクス・経済学ノート』p.112，S.462-463.
102) 引用中の「類的精神」「かれら自身の精神」が「類的享受」「かれら自身の享受」の誤読である可能性が指摘されている。この点については，同上書の注を参照。MEGAでは「類的享受」となっている。
103) 以上，同上 p.96，S.452.

58

り人間の真の類的生活のカリカチュア」であり、「本質的紐帯が非本質的紐帯となって」[104]いる、とせざるをえないのである。

「ミル評注」におけるマルクスは、こうした社会性の否定と肯定の間を行き来しながら市民社会の把握を繰り返し試みている。後段でも、「したがって、交換すなわち交換取引は、私的所有の枠内での人間の社会的な行為、類的行為、共同存在、社会的な交通、統合である」としながら、「またしかるがゆえに、それは外的な、外在化された類的行為である。まさにこういった理由で、この類的行為が交換取引となってあらわれるのである。またそれだから、交換取引は社会的関係の反対物である。」[105]としている。

上の引用が明確に示す通り、一方で私的所有の交換を「社会的な行為、類的行為、共同存在」として認めながらも、「疎外」論を用いる限り、他方でこれを「社会的関係の反対物」として位置付けなければならない。しかし、交換の内部に示される人間の（労働の）社会的性格——「共同的存在」であり、「類的行為」——が、疎外によって「非本質的」な「社会的関係の反対物」として、人間の本質である労働を排除したものになっているとする論理を整合的に展開することは非常に困難なのである。なぜなら、労働の社会的な性格は私的所有が支配する社会にも貫徹し、交換それ自体が人間相互を結ぶ「類的行為」だからである。

ここにおいてフォイエルバッハ的「疎外」論を用いることの限界は明確にならざるをえなかった。この論理を用いる限り、交換やその延長線上に位置する貨幣の分析は「非本質的紐帯」として、「労働」という類的本質を含まない世界として描かざるをえない。しかし、こうした概念把握の方法では、市民社会においても失われない人間相互の社会的性格を上手く展開することができないのである。

このように、本来、人間と神、人間とキリストの関係を解明するために用いられたフォイエルバッハ的疎外論は、人間相互の現実の社会的関係を考察するための論理に適用するのには限界があった。「労働」に示される人間の社会的側面、あるいは類的性質（これは資本主義社会においても貫徹する）と、交換—貨幣という市民社会における現実の社会的関係を結びつけるためには、「疎外」に替わる新しい社会認識のフレームが必要とされる段階にマルクスは進みつつ

104) 以上、同上 p.97, S.452.
105) 以上、同上 p.101, S.454.

あった。

極めて象徴的なことに，『経哲草稿』の第三草稿において〔必要，生産および分業〕というタイトルが付けられた草稿は，交換の背後に「労働の社会性」[106]を認めたあとでアダム・スミスの分業論が考察され，それを「きわめて興味深い」[107]と評価したあとでノートは中断している。次節で考察するとおり，この「分業」論が『ドイツ・イデオロギー』において主要な考察の対象になっている。交換の背後にある労働の社会的な性格を，疎外論とは違った概念フレームによって把握する方向にマルクスは大きく踏み出していくことになる。

3-5.『経哲草稿』および『パリ・ノート』段階のまとめ

これまで述べてきたように，1844年段階でのマルクスの社会認識の方法を特徴づける「疎外」論を用いた結果として，彼は労働価値論を採用しなかった。疎外論的社会認識の方法を採る限り，人間の類的本質である労働を疎外している市民社会においては，「労働」という本質が人間には残されないからである。それゆえ，人間相互の社会的関係の中に労働が入り込むことはない。マルクスは，古典派理論に精通していなかったからではなく，こうした自らの社会認識の方法に規定されて，労働価値論を受容しなかったのである。

図1−1に引き続き，マルクス自身の基本的座標軸を用いて1844年当時のマルクスの社会認識をまとめると以下のようになる（図1−3）。

	人間の普遍的本性	普遍的本質の「実現」	「市民社会」についての認識	紐帯概念
『経哲草稿』『パリ・ノート』段階	労働を中心とした類的本性の規定 ↓ 「類的活動」	疎外論の適用	「疎外された労働」による資本と賃労働の敵対関係	市民社会の「非本質的紐帯」としての価値，貨幣

図1−3.『経哲草稿』，『パリ・ノート』段階での社会把握の構造

---

106) 前掲「経哲草稿」p.479，S.429.
107) 同上 p.483，S.433.

マルクスは人間の類的本性を，労働を中心とした生産活動として明確化し，それを起点として，疎外論を適用することで市民社会の姿を描き出そうとした。これが「疎外された労働」であり，これによって資本（私的所有）と賃労働者との敵対関係を把握しようとした。

しかし，この疎外論的フレームは，本来宗教批判において神（およびキリスト）と人間の関係を把握するためのものであって，人間相互の社会的関係としての価値，貨幣を整合的に展開できるものではなかった。というのも，労働概念はそれ自体が社会的な概念であって，それが本来持っている社会的な性格は市民社会（資本主義社会）でも失われることなく（疎外されることもなく）貫徹する。それゆえ，「交換」および「貨幣」という現実の人間相互の社会的関係は，「社会的関係の反対物」や「非本質的紐帯」としては描けないのである。私的所有を通じて人間相互の社会的関係が営まれる姿は，疎外論のフレームから展開できないものであった（図中の黒い矢印）。

疎外論がもつ問題点，つまり資本主義社会を分析する上で持っている限界をマルクス自身が明確に認識したことが，マルクスの社会認識の方法にさらなる発展をもたらすことになる。それが，フォイエルバッハ的疎外論の批判的克服であり，彼独自の社会認識の方法である唯物論的弁証法の確立であった。これによって，労働価値論を受容するための理論的土台が構築されることになる。

第4節　唯物史観の確立と労働価値論の受容

4-1. はじめに

前節では，『経哲草稿』段階のマルクスが労働価値論を拒否した理由は，「疎外論」的社会把握の方法にあることを明らかにした。フォイエルバッハが宗教批判のフレームとして用いた疎外論を市民社会の現実的社会的関係に適用することでマルクスは大きな限界に突きあたることになった。その限界は労働価値論を受容しなかったことに表われただけではない。貨幣，価値，交換という現実の社会的関係，さらに言えばそこに示される人間相互の社会的な性格を上手く把握できないという決定的な困難を抱えることになった。

それゆえ，マルクスが労働価値論の拒否から受容へと転回していく過程は，フォイエルバッハ的な疎外論を批判的に克服していく過程と並行して進んで

くことになる。「ミル評注」段階でマルクスが直面した困難を契機として、「フォイエルバッハにかんするテーゼ」から『ドイツ・イデオロギー』段階でマルクスが疎外に替わる新たなる社会把握の方法を追求していく過程こそが、マルクス独自の方法である「史的唯物論」が確立される過程である。史的唯物論は、天啓のようにある日突然マルクスの頭脳に飛来したわけではない。それは、古典派経済学に出会う前から続く初期マルクスの社会把握の方法の段階的な発展過程の結果として形成されている。

　そして、「史的唯物論」の確立という決定的な方法的深化が労働価値論の受容の直接的な契機になっている。『ドイツ・イデオロギー』においてマルクス自身の社会把握の方法が発展したことによって労働価値論を受容するための理論的な土台が形作られている。マルクスによる労働価値論の受容は、彼独自の社会認識の方法である史的唯物論の成立過程と相互促進的に進むのであり、両者は表裏一体の関係にある。

　本節ではまず、「疎外論」の困難をマルクスが克服する過程が、唯物史観の形成に直接つながっていくことを明らかにする。その過程で生じた決定的な変化は、人間の「類的本質」としての労働概念を社会的な次元で把握しなおしたことだった。社会的関係の中で鋳なおされた労働概念は、自然的側面だけではなく社会的側面をもつものとして把握され、両者の統合としてマルクスの理論的な土台になっていく。マルクスはこうした労働概念を用いることで、社会の変化と構造を歴史的な文脈から考察する方法を獲得した。労働の二側面のうち、労働の自然的側面が「生産力」に、そして社会的側面が「生産関係」に対応する。ここに「生産力」と「生産関係」の弁証法によって社会的関係を把握するという周知の唯物史観の基本的な構造が形成されることになった。それとともに、市民社会における人間相互の関係を考察するために用いられてきた「紐帯」概念は「生産関係」へと姿を変えて、貨幣・商品交換の考察に用いられることになる。

　そして次に、史的唯物論が形成されたことが労働価値論の受容につながっていくことを明らかにする。労働が人間の社会的本質であるという把握によって、労働の社会的性格の市民社会的な表現が価値・貨幣であるという論理を展開することが可能になる。こうした認識によって、労働と価値を結びつけることができるようになった。唯物史観の確立によってマルクスが労働価値論を採用したことを確認することが、彼の労働価値論は史的唯物論を理論的な土台として

展開されているという本書の主張へとつながる。そして，この点に古典派経済学の労働価値論とは決定的に異なるマルクス労働価値論の理論的な含意がある。

4-2. フォイエルバッハ的疎外論の克服と「社会の本質」としての労働

　前節で考察したように，市民社会の現実的な社会的関係である交換や貨幣の考察において，フォイエルバッハ的疎外論が持つ困難に直面したマルクスは，『経哲草稿』を文字通り「草稿」のまま放置することになった。そして，フォイエルバッハ的疎外論の批判的克服に着手することになる。1844 年段階での熱狂的な礼賛と支持とはうって変わって，フォイエルバッハへの執拗な批判が「フォイエルバッハにかんするテーゼ」から『ドイツ・イデオロギー』にかけて繰り返し行われていく。

　マルクスによる批判は，彼自身が直面した困難，つまりフォイエルバッハの疎外論では現実の社会的な関係が把握できないという点に集中して繰り返されている。「フォイエルバッハにかんするテーゼ」のテーゼ7では「フォイエルバッハは，……（中略――引用者）……彼が分析する抽象的個人が或る特定の社会的形態に属することを見ない」と述べ，それに続けてテーゼ10で「新しい唯物論の立場は<u>人間的な社会もしくは社会的な人類である</u>」[108] としている。

　現実的な社会的関係を把握することができない，つまり市民社会における経済的関係を把握できないという疎外論の大きな欠陥に対する批判は，『ドイツ・イデオロギー』においても引き続き繰り返されていく。「人間どうしの関係にかんするフォイエルバッハの推論のことごとくは結局，人間たちはお互いを必要とするし，またいつも必要としてきたことの証明に尽きる」[109] のであり，「彼は『人間の人間にたいする』『人間的関係』としては愛と友情，しかも観念的に美化された愛と友情をしか知らない」[110]。それゆえ，「人間を彼らの与えられた社会的連関の中でつかむことをせず，彼らを現にあるごときものに仕上げた彼らの当面の生活諸条件のもとでつかむことをしないので，現実的に存在し活動している人間にフォイエルバッハが到達するときはな」[111] いのである。

---

108) 以上，前掲「フォイエルバッハにかんするテーゼ」pp.4-5，S.7.
109) 前掲「ドイツ・イデオロギー」p.38，S.42.
110) 同上 p.40，S.44.
111) 同上 p.40-41，S.44.

　市民社会における現実の社会的な関係にまったく接近することができないというフォイエルバッハの疎外論がもつ難点は，何に由来するのか。マルクスは，フォイエルバッハが想定する「人間の本性」，あるいは「類」の把握の仕方に根源的な理由を見出している。先に引用した通り，フォイエルバッハにとっての人間的関係とは愛や友情以上のものではなく，現実の人間相互の関係から乖離しているという点では，「感性的」というよりも「観念的」に近いものであった。

　ただし，本当の問題は感性的人間観ではなく，類の把握の仕方であった。フォイエルバッハの類的な本質の把握において「人間性は<u>一個の個人</u>に内在する抽象物」[112]であり，「内なる，無言の，多数個人を自然的に結び合わせる普遍性としのみとらえられうる」[113]。そこにおける人間性は「『人間なるもの』という抽象物」[114]あるいは「観念的な『類のなかでの平均化』」[115]から導き出されたものにすぎない。こうした「<u>個体の特定の生存状態</u>」，「<u>個体の『本質』</u>」[116]という次元で把握された人間性からは，「せいぜい感覚のなかの『現実的な，<u>個人的な，生身の人間</u>』を認めるにいたるのが関の山」[117]である。フォイエルバッハの類的本質は「個」としての人間，あるいは代表単数的人間から抽象されたものであって，これによって人間相互の社会的関係は把握できないのである。

　ただし，こうしたマルクスの批判は，疎外論に傾倒していた『経哲草稿』段階でのマルクス自身の「労働」把握にもそのままあてはまる。すでに述べたように，確かにマルクスは『経哲草稿』の段階において人間の本質を「労働」として把握する段階に進んでいた。しかし，そこでの労働概念は「人間を直接に動物的生活活動から区別する」「意識的な生活活動」[118]という次元で把握されたものであり，個別的に存在する人間の活動から，その代表単数的な抽象物として抽出されたものであった。端的に言えば，「疎外された労働」における「労働」は何らの社会的な規定性をもっていなかった。「労働」は対自然との関係におい

112）前掲「フォイエルバッハにかんするテーゼ」，p.4，S.6.
113）同上.
114）前掲「ドイツ・イデオロギー」，p.41，S.44.
115）同上，p.41，S.45.
116）同上，p.38，S.42.
117）同上，p.41，S.44.
118）前掲「経哲草稿」，p.437，S.369.

64

て，すなわち個別的な人間の活動の次元において把握された「対象的世界の加工」[119] としての労働であって，人間相互の関係，社会的関係の次元では把握されていない。

　それゆえ，マルクスは，現実の社会的な関係を把握できないという疎外論的社会認識の限界を乗り越えるために，「人間の本性」である労働概念自体を社会的な次元で把握し直すことになる。先の見たように，フォイエルバッハにかんするテーゼ10で言われている通り，「新しい唯物論の立場は人間的な社会もしくは社会的な人類」[120] であり，この「社会的」な次元での労働概念がマルクスの社会把握の出発点となる。というのも，商品交換や貨幣という現実の人間関係を考察するためには，個別的（あるいは代表単数的）な人間のレベルで把握していた「労働」概念ではなく，社会的な関係の中で営まれている労働を想定する必要があったからである。「フォイエルバッハにかんするテーゼ」のテーゼ6において「その現実性においてはそれ（人間性——引用者）は社会的諸関係の総体（ensemble）である」[121] という叙述に表明されたとおり，人間の本質としての労働そのものを「社会的諸関係の総体」として把握する段階へとマルクスは進んでいった。こうしたマルクスの認識の変化は，『ドイツ・イデオロギー』では，次のようにまとめられている。

　「生産諸力，諸資本および社会的諸交通形態のこの総体（Summe）は哲学者たちが『実体』とか『人間の本質』とかとして表象してきたもの，彼らが祭りあげたり叩いたりしてきたものの実在的な根拠なので」[122] ある。

　この叙述に見られるように，「人間の本質」についてのマルクスの認識は，『経哲草稿』段階の「労働」概念から，社会的「総体」としての「生産諸力」に変化している。このことは，以下の叙述にも示されている。

　「生産力は諸個人からまったく独立の，もぎはなされたあり方で諸個人とならぶ一つの独自な世界として現われる。」「かくて一方の側に生産力の或る全体（Totalität）が存在し，このものはいわば一つの物的な姿をとってきていて，」「いま一方の側にはこの生産力に対立している大多数の個人がいる。」[123]。ここに見

119）同上，p.437，S.370.
120）前掲「フォイエルバッハにかんするテーゼ」p.5，S.7.
121）同上，p.4，S.6
122）前掲「ドイツ・イデオロギー」p.34，S.38.
123）以上，同上，pp.62-63，S.67.

られる，「独自な世界」が大多数の個人に対立して自立するというロジックは『経哲草稿』の「疎外された労働」の延長線上にあることは明らかである。しかし，ここで諸個人に対立しているものは，もはや単なる労働ではなく，「生産力」である。

　そして，ここで述べられている「生産（諸）力」について，マルクスはさらに詳しい規定を与えている。「労働における自己の生の生産にしても，生殖における他人の生の生産にしても，およそ生の生産なるものはとりもなおさず或る二重の関係として——一面では自然的関係として，他面では社会的関係として——現われる。ここで社会的というのは，どのような条件のもとであれ」「とにかく幾人かの諸個人の協働（Zusammenwirken）という意味である。したがって，或る特定の生産様式または工業的段階はつねに或る協働の様式または社会的段階と結びついているということ，——そしてこの協働の様式はそれ自体，ひとつの『生産力』である，——人間たちの利用しうる生産力の総体（Menge）は社会的状態を条件づけ」[124] ると述べている。さらに別の個所では，「生産力の或る総量（Summe），或る歴史的に作られた対自然の関係と諸個人相互間の関係」[125] とマルクスは述べている。

　ここに見られるように，『経哲草稿』において「自然的関係」や「対自然の関係」として把握されていた「労働」に，「社会的関係」や「諸個人相互間の関係」という契機が加わることで，自然的側面と社会的側面の統合としての労働概念がマルクスの社会認識の中心に位置付けられている。労働の社会的側面とは，社会全体での諸労働の「協働」であり，その裏面としての社会内での諸労働の相互依存である。社会的次元で総体的に把握された労働をこの二側面から捉えるというマルクスに独自の視点が，彼の経済理論の基本的土台として，その後の体系に引き継がれている。これが労働価値論の基本的な前提になっていることは次章で述べる。

　こうして『経済学・哲学草稿』段階では「人間の本質」として把握された労働概念は，それ自体に社会的な意味を包含する「労働」となることで，いわば「社会の本質」へと昇華されることになった。社会的次元で把握しなおされた労働

---

124) 同上，p.25，S.29-30.
125) 同上，p.34，S.38.

66

を社会認識の中心に据えることによって，マルクスは新しい社会把握の方法の
確立へと大きく前進することになった。というのも，マルクスは「社会の本質」
としての労働概念を出発点とすることで，市民社会を歴史的な文脈に位置づけ
ることができるようになったからである。「人間たちの利用しうる生産力の総体
（Menge）は社会的状態を条件づけ，したがって『人類の歴史』は常に工業およ
び交換の歴史的な<u>つながり</u>の中で研究され論じられなければならない」のであ
り，「人間相互間の一つの唯物論的な<u>つながり</u>」「この<u>つながり</u>はつねに新しい
諸形態をとり，このようにして一つの『歴史』を提示している」[126] のである。「生
産力」の一定の発展段階に応じた人間相互の「つながり」を「生産関係」とし
て把握する方法，すなわち唯物論的弁証法がここに確立されることになった。
後に詳しく見るように，この「生産関係」は労働そのものの「社会的つながり」
であり，その「諸形態」を意味している。ただし，『ドイツ・イデオロギー』の
段階では，「生産力」と「生産関係」は概念的に明確化されているわけではなく，
「生産力」概念が自然的側面と社会的側面の双方を含んでいるようにも見える。
後に，「生産力」は自然的側面と対応することが明確化され，社会的側面が「生
産関係」と対応するという形に整理されることになる。

4-3. 分業論と「紐帯」の展開

　『経哲草稿』における「人間の本質」としての「労働」概念が「社会の本質」
としての労働概念に変化したことが，マルクスの歴史認識だけではなく，社会
把握の方法にも大きな進歩をもたらすことになった。労働の二側面は，生産力
と生産関係という唯物史観的社会把握と重なっている。両者は表裏一体の関係
にある。そのことを示しているのが，『ドイツ・イデオロギー』で展開される「分
業論」の展開である。
　労働の社会的総体を表現する「生産力」概念を社会把握の中心に据えたマル
クスは「一民族の生産力（Produktionskräfte einer Nation）がどれほど発展し
ているかを最も歴然と示すものは，分業（Teilung der Arbeit ＝労働の分割──
引用者）の発展度である」[127] として，分業にともなう生産力の歴史的な発展過程

---

126) 以上，同上，pp.25-26，S.30.
127) 同上，p.17，S.21-22.

の中で社会の変化をとらえることができるようになった。「分業」という概念自体が，労働を社会的総体においてとらえる視点から与えられることは言うまでもない。『経哲草稿』における「人間の本質」としての労働からは，こうした認識は生まれない。協働と相互依存によって特徴づけられる社会的な総体的労働を出発点に置くことで，その分割によって発展する「生産力」を歴史的な原動力として通史的に社会の変化を捉えられるようになった。「市民社会」もまた，こうした分業の程度に応じてとられる生産関係の一つとして位置付けられることになる。

　市民社会としての資本主義社会は「とことんまで広げられた分業」[128]を特徴とする社会である。「自然発生的」に社会内での分業が進むにつれて，「各人は自分に押しつけられるなにか特定の排他的な活動範囲をもつ」ことになり，個人の社会的な活動は「固定化」[129]される。そのため，分業が拡大していくことによって，「労働の分割によって必須となったさまざまな個人の協働」によって生産力は「幾層倍」[130]にも拡大するのであるが，それと同時に諸個人は「分業のもとへ包括され」ることによって，「お互いにすっかりもたれ合うという状態におかれ」[131]ることになる。分業の拡大によって協働（Zusamenwirken）の範囲もまた広がり，諸個人の相互依存性が深まっていく。「個々の個人の世界史的なものへの活動の広がりにともなって」分業の範囲は世界的な規模にまで発展し，「諸個人の世界史的協働」の結果として，人々は世界的なレベルで「全面的依存」[132]した状態になる。

　しかし，こうした分業の発展とともに私的所有が発展する。「労働の分割ということばと私的所有ということばは同じことを言っているのであって，――一方がはたらきにかんして言っていることを，他方がはたらきの産物にかんして言っているだけのことである」[133]。それゆえ，この分業の発展程度が所有の形態を規定し，「生産関係」のあり方を決定づけることになる。「ちょうど労働の分割のさまざまな発展段階の数だけ所有のさまざまな形態がある。というこ

---

128) 同上，p.55，S.59.

129) 同上，p.29，S.33.

130) 同上，p.30，S.34.

131) 以上，同上，p.62，S.66.

132) 以上，同上，pp.32-33，S.37.

133) 同上，p.28，S.32.

68

とは, 労働の分割のその都度都度の段階は」「諸個人相互間の間柄をも規定する」[134]
のである。

　市民社会は高度に分業を発展させることで協働と相互依存の範囲をかつてな
いほど拡大するが, そうした社会的な力は私的所有のもとで分割されて営まれ
る。それゆえ,「諸個人が個人としてばらばらでありながら, 労働の分割のせい
でどうしても結ばれねばならならず, しかも彼らのばらばら状態のおかげでそ
の結合は彼らとは無縁なきずなとなってい」[135]くことになる。この「彼らとは
無縁なきずな (Band＝紐帯)」が「貨幣」である。分業がまだ発展しきってい
ない段階では,「家族であれ部族であれ土地そのもの等々であれ何らかのきずな
(Band)」が見られるのにたいして, 高度に発展した分業の段階では「諸個人が
相互に独立していて, ただ交換によってのみいっしょにされる」ことになる。
それゆえ,「貨幣という何か第三のものにおいて一つの物的形態を」[136]とって「人
間的な力（関係）の物的なそれへの転化」[137]が生じる。分業の高度な発展とと
もに必然化される私的所有の発達によって, 生産力の全体は「彼ら自身の統一
された力としては現われないで, 何か疎遠な, 彼らの外にある強制力として現
われる」[138]。それゆえ,「貨幣はある一定の生産関係および交通関係の必然的産
物」[139]なのであり, 私的所有のもとで営まれる諸労働の媒介者＝紐帯として位
置付けられることになる。

　これまでの考察で明らかにしたように, 経済的カテゴリーとしての貨幣, さ
らに交換を, マルクスは「紐帯」概念によって継続的に分析していた。「紐帯」
はもともと特殊と普遍を結びつけるものとして用いられていた概念であるが,
市民社会の考察に着手した「ユダヤ人問題によせて」から『経哲草稿』の段階で,
市民社会における個人を結びつけている私的所有（商品）および貨幣を「非本
質的な紐帯」, つまり労働という本質的契機を含まない紐帯として把握していた。
それが, 社会全体を労働の総体として把握する唯物史観の成立によって,「紐帯」

134) 同上, p.18, S.22.
135) 同上, p.71, S.75.
136) 以上, 同上, p.61, S.65.
137) 同上, p.70, S.74.
138) 同上, p.30, S.34.
139) 同上, p.197, S.184.

は個別的労働を社会的な労働と結びつけるものとして位置づけられることになる。分業が高度に発展することで社会全体の相互依存が深化するのと裏腹に，私的所有によって分割されている労働を媒介する「紐帯」が貨幣である。労働という「社会的な力」，「人間的な力（関係）」が貨幣という物的な形態において表現され，諸個人から疎遠なものとして自立化する。それによって「彼にとって或るよそよそしい対立する力となり，彼がそれを支配するかわりにそれが彼を抑圧する」[140] という関係を生み出される。

　社会的関係の自立化を説明する論理として，ここではもはや「疎外」というフレームは使われていない[141]。生産力が大多数の個人に対立した疎遠なものとして独立するという事態が，社会の本質としての「労働」の分割＝「分業」の発展と，その分割された労働をつなぐ紐帯という論理から説明されている。確かに，『ドイツ・イデオロギー』段階での分業論を中心とした市民社会の考察は，まだ十分に整理されたものになっていない。それでも，『経哲草稿』段階で価値・貨幣と資本とを整合的に位置づけられなかったマルクスは，労働を社会的な総体として把握することで，分割された労働をつなぐ紐帯として，つまり労働の社会的つながりの表われとして貨幣を位置づけることで，その自立化の構造を明らかにしている。これが価値から貨幣を介して資本を分析するというのちの体系に直接つながっている。

　このように，労働を社会的な次元で把握しなおし，社会の本質として位置づけることによって唯物史観は確立された。この新しい方法論によって人類の歴史を社会的労働の分割による「生産力」の発展という歴史貫通的な共通の土台から考察できるようになっただけではない。市民社会（資本主義社会）を労働の分割（＝分業）が高度に発展した社会として位置づけることで，私的所有によって分割されている社会的労働をつなぐ「紐帯」として貨幣を位置づけることができるようになった。社会全体として把握された労働，社会全体での労働の協働と相互依存を考察の出発点として，その分割（分業）を媒介させることで，

---

140) 同上，p.29，S.33.

141) これを疎外論から物象化論への変化と呼びうるかどうかはさらなる検討を要する問題なので，ここで詳細に論じることはできない。ただ，本書の考察は，『経哲草稿』の疎外論から『ドイツ・イデオロギー』の唯物史観への方法論上の大きな変化があったとする点で，廣松渉〔1983〕の理解を大枠で共有している。

一方で「生産力」の発展という人類の歴史的な発展過程の上に市民社会を位置付け，他方でその一定の発展における労働の社会的側面の表現，すなわち諸個人の労働を社会的労働へと結びつける紐帯＝「生産関係」として交換価値・貨幣を考察できるようになった。つまり，社会的次元で把握された労働を出発点として，歴史認識と経済的カテゴリーは一元的に展開できるようになったのである。マルクスの歴史観と資本主義社会の分析は，こうした労働概念によってつながっている。

4-4. 唯物史観の確立と労働価値論の受容

本章の最初に述べたように，初期マルクスにおける労働価値論の拒否から受容への転換は，マルクス自身の社会把握の方法の発展的変化によって生じている。その転換の鍵になったのは，『経哲草稿』段階での疎外論に替わって，『ドイツ・イデオロギー』段階では史的唯物論という社会把握の方法が形成されたことである。史的唯物論の確立によって，労働価値論を受容するための理論的土台が構築されることになった。

ここまで考察してきたように，「人間の本質」を示す「社会的関係の総体」とは，社会そのものを労働の有機的全体として捉えたものであり，こうした労働の社会的性格，つまり社会内での諸個人（個別的労働）の「協業」的なあり方と「相互依存性」の下で把握された労働を意味している。この本質は，市民社会においても失われない。それどころか，これらを世界的な規模にまで拡大させ，それによって生産力の巨大化をもたらすのが市民社会（資本主義社会）である。市民社会は世界的な分業の拡大によって「協業」と「相互依存性」の範囲を世界的なレベルに拡大することで生産力は飛躍的に増大させる。

しかし，その生産力は私的所有によって分割された中で営まれるので，労働の社会的側面は「貨幣」という紐帯として表われる。「紐帯」の必要性は，労働そのものの社会的性格が根拠となっている。つまり，分割（分業）された社会的労働は，何らかの方法で社会的に媒介されなければならないのであって，社会内での労働の媒介形態を示す概念が「紐帯」である。のちに詳しく考察するように，「生産関係」という概念は，労働の社会的側面を表現する特有の形態のことを意味している。こうした紐帯は生産力の発展段階に対応したさまざまな形態をとるが，その市民社会（資本主義社会）に特有の形態が価値，さらには貨幣である。つまり，交換価値および貨幣は，労働の社会的性格を市民社会に

おいて表わす「生産関係」として位置づけられる。

　『経哲草稿』段階では，疎外論的社会把握によって人間相互の社会的関係の中には労働という本質は残されないとマルクスは考えていた。だから，労働価値論は拒否された。しかしながら，今や『ドイツ・イデオロギー』段階では，史的唯物論という社会認識の方法的枠組みが形成された結果として，労働を自然的関係と社会的関係という二側面をもつものとして捉え，この二重の側面に対応する「生産力」と「生産関係」を用いることで，社会の歴史的な発展と，その一段階に対応する社会的関係の双方を一元的に展開できるようになった。その結果，労働の社会的側面が，市民社会において「貨幣」という物的な形態として現れるという認識へと変化することになった。

　すでに「ミル評注」の段階で，マルクスは交換自体を人間相互の社会性を示すものとして把握していた。しかし，そうした人間の社会性は，個別的に労働する人間の姿と，そこから展開される疎外論では十分に描き出せなかった。そこでは，社会から疎外され，私利の世界に埋没して，類的本質としての労働との関係を中断した人間の姿が描き出されていた。しかし，唯物史観を用いることによって，社会の本質としての「労働」は，市民社会＝資本主義社会にも貫徹されることになった。二側面の統合としての労働概念を論の出発点とすることで，「生産力」の一定の発展段階に応じた労働の社会的側面の表現（「生産関係」）として交換価値，さらには貨幣を位置付けることができるようになる。こうした社会把握の方法の変化によって労働と，交換価値・貨幣が結び付けられることによって，労働価値論が受容可能になった。その意味で，唯物史観の成立と労働価値論の受容は表裏一体の関係にある。

　これを最初期から続くマルクスの問題意識の「基軸」によってふたたび図式化すると，以下のようになる（図 1 - 4）。疎外論によって当初は拒否されていた古典派経済学の労働価値論は，マルクス自身の社会把握の方法である唯物史観の形成によって受容された。ただし，それは単なる受容にとどまらない。交換価値や貨幣といった経済学のカテゴリーは，マルクス自身の社会把握の方法論の上に批判的に摂取されることで古典派とは異なる独自の意味を与えられることになった。

　これによって，マルクスが問題とした市民社会の「疎外」は，貨幣としての社会的な「生産関係」の自立化として捉えられることになる。この自立化を引き起こすのが社会的労働の分割＝分業であるから，この分業（とそれと同じも

	人間の普遍的「本質」	普遍的本質の「実現」	「市民社会」への認識	「紐帯」概念
『経哲草稿』『パリ・ノート』段階	労働を中心とした類的本性の規定 ※社会的関係の中で営まれる類的活動としての「労働」	フォイエルバッハ的な疎外論の適用	「疎外された労働」による資本と賃労働の敵対関係	市民社会の非本質的紐帯としての価値，貨幣
「フォイエルバッハにかんするテーゼ」から『ドイツ・イデオロギー』段階	労働の自然的側面と社会的側面（対自然，諸個人相互間）の二側面の統合としての労働	分業および私的所有の廃止	史的唯物論による社会把握 物的な形態をとって個々人に対立する私的所有の自立化	私的所有のもとで分割された労働をつなぐ「紐帯」としての貨幣＝一定の**生産関係・交通関係**の必然的産物

図1－4 『ドイツ・イデオロギー』段階での社会把握の方法の発展と労働価値論の受容

のである私的所有）の廃棄によって，彼は将来社会＝人間の本質の実現を構想するようになった。

　従来，『ドイツ・イデオロギー』では，労働価値論の明確な受容は見られないとされている。後段で現れる「硬貨（Metallgeld）はまったくただ生産費，すなわち労働によって規定されている」[142]という叙述をマルクスが労働価値論を受容したことの証拠としてあげる論者もいるが，この叙述だけをもって労働価値論を受容したと断定することはできない。しかし，マルクスの社会把握の方法の発展段階は，労働価値論を受容するのに十分な段階に至っていることを本節の考察は示してきた。

　ただし，『ドイツ・イデオロギー』段階では労働価値論を受容する理論的な基盤が形成されたにすぎない。多くの論者が指摘する通り，交換価値と貨幣の関係についてはほとんど言及されていないし，なによりも交換価値や貨幣と資本との関係については不明確なまま残されている。「生産力」と「生産関係」の概念規定の正確化も，後の段階を待たなければならなかった。史的唯物論という

---

142) 同上，p.430，S.383.

土台の上に批判的に摂取され，彼固有の経済学体系の礎石となるような労働価値論を厳密に定式化するのにはさらに時間が必要とされていた。

　しかし，すでに述べたように，『ドイツ・イデオロギー』の直後には，労働価値論は受容されている。1849 年の「賃労働と資本」という講義風の著述においては，「価格が生産費によって決められるということは，価格がある商品の生産に必要な労働時間によって決められるということに等しい」[143] という認識が明確に示されている。その際に，マルクスは自らの社会の見方も述べている。「生産のさいに，人間は，自然にたいして関係するだけではない。彼らは，一定の仕方で共同して活動し，その活動を相互に交換しなければ，生産できない。生産するために，彼らは互いに一定の関係やつながりを結ぶが，こうした社会的関係やつながりの内部ではじめて，彼らと自然との関係がおこなわれ，生産がおこなわれるのである」[144]。ここでは，労働（生産）を自然的関係と社会的関係との二側面からとらえ，その社会的側面が「社会的関係やつながり」として表われることが明確に示されている。そして，その直後に続く叙述の中で，「それゆえ，諸個人がそのなかで生産をする社会的関係，すなわち社会的生産関係は，……（中略──引用者）……生産力が変化し発展するにつれて，変化し変動する。全体としての生産関係は，社会的関係，社会と呼ばれるものを，」「形づくる。古代社会，封建社会，ブルジョア社会は，そういう生産関係の全体であり，同時にそれぞれ，人類史上の特別の発展段階をあらわしている」[145] として，「生産力」と「生産関係」の相互関係が定式化されている。

　『ドイツ・イデオロギー』では，社会的労働の総体としての生産力を前提として，その分割＝分業を起点とした生産関係の展開によって体系構築が行われようとしていた。つまり，分業が生産力と生産関係の結節となって，体系的に端緒的な役割を果たしている。この論理構想が後のマルクスの経済体系にどこまで保持されているかを判断することは難しい。『経済学批判要綱』におけるプランを見る限り，「分業」が体系的な端緒あるいは礎石であるという考え方はかなりあとまで保持されていると推察できる。ただし，現行の『資本論』において，

---

143) カール.マルクス「賃労働と資本」『マルクス・エンゲルス全集』第 6 巻, p.401,
　　MEW　6，S.405.

144) 同上，p.403，S.407.

145) 同上，p.403，S.408.

最終的に端緒範疇となったのは「商品」である。この「商品」というカテゴリーが，生産力と生産関係の結節点として，マルクス独自の経済学体系構築の起点となっている。そのことを示す理論が労働価値論である。

　この章の考察は，マルクスの社会把握の方法の発展的な変化を跡付けることで，史的唯物論の確立によって労働価値論を受容したことを明らかにしてきた。こうした初期マルクスについての考察は，マルクスの理論形成過程の解明というよりも，そこからマルクス経済学理論の独自性を明らかにすることに主眼がある。唯物史観の確立によってマルクスが労働価値論を受容できたとするならば，マルクスの労働価値論は史的唯物論という社会把握の方法を強固な理論的土台として展開されている。つまり，マルクスが社会把握の方法を段階的に発展させ，最終的に確立されたのが史的唯物論であり，労働価値論はこの土台の上に批判的に摂取されることで，彼に固有の問題意識を表現するための独自の理論として展開されることになる。この点が，古典派とは大きく異なるマルクス労働価値論の特徴である。それゆえ，逆に言えば，唯物史観を前提とすることでマルクス労働価値論の含意を解明する必要があるし，唯物史観を表現するための理論として労働価値論を解釈しなければならない。以下の章でこれについての考察を続けていきたい。

第2章　マルクス労働価値論の基本的前提

はじめに

　前章までの考察で得られた結論は，マルクスの労働価値論は史的唯物論の成立と表裏一体の関係として形成されてきたというものである。マルクスは労働価値論に接する以前から独自の社会把握の方法を発展させていて，その結果として形成されたのが唯物史観という方法である。このマルクス独自の社会観の成立によって労働価値論は受容可能なものになった。そして，唯物史観という独自の方法論の上に批判的に摂取されることによって，イギリス古典派とは決定的に異なったマルクスに独自の労働価値論が形成されている。

　それゆえ，マルクスの労働価値論の理解は，史的唯物論として確立されたマルクスの社会把握の方法をどのように理解するかにかかっている。唯物史観はたんに歴史の変化を描写するための哲学的仮説でもなければ，進歩主義的で生産力至上主義的な意見表明でもない。これは，マルクスが資本主義社会を把握する際の方法論的枠組であり，マルクスが価値の分析に用いる「労働」の意味は，唯物史観によって与えられている。そこで本章では，マルクスがこうした労働概念によって想定している理論的な土台を「労働価値論の基本的前提」として明らかにする。

　ただし，こうした基本的前提は『資本論』の中で詳細に述べられているわけではない。これは，マルクスが叙述の方法としては弁証法を採用したからである。「叙述の仕方は，形式としては，研究の仕方と区別されなければならない」[1]と考えたマルクスは，弁証法的展開の作法に従って，論の前提となっている想定についてはストイックなほどに最低限しか述べていない。これについては本章の終わりに再び立ち返る。そこで，『経済学批判　第一分冊』を含めて，マルクスが『資本論』に至るまでに残した膨大な草稿を中心に検討することで，

1）カール・マルクス『資本論』第一部 資本論翻訳委員会訳，新日本出版社，第一分冊，p.27, MEW, Band 23 "Das Kapital" Erster Band, S.27.

76

上の課題を明らかにしていきたい。

第1節　「社会の本質」としての労働

　これまでの考察で明らかにしたように，唯物史観はフォイエルバッハ的疎外論の批判的な克服によって成立している。この発展においてカギになったのが「労働」概念の捉え方に生じた大きな変化だった。『経哲草稿』段階での労働概念は「人間の本質」として把握されていて，それは個として存在する人間，あるいは代表単数的に存在する人間から抽象されたものだった。そのため，『経哲草稿』段階での「労働」は人間と自然との関係から把握されたものであって，そこには労働が持っている社会的な契機は含まれていなかった。

　こうした労働の把握は，疎外論的な社会把握を用いていることから生じていた。後にマルクスがフォイエルバッハへの批判として展開しているように，フォイエルバッハの疎外論が用いる類的本質は，「『人間なるもの』という抽象物」，あるいは「類のなかでの平均化」としての人間の姿から抽出されたものであって，「『人間の人間にたいする』『人間的関係』」[2] から把握されたものではない。こうしたフォイエルバッハへの批判は，疎外論に傾倒していた時期の自己への批判として展開されている。というのも，『経哲草稿』段階の労働概念もまた労働がもっている社会的性格が認識されていなかったからである。しかし，市民社会における人間相互の関係である交換価値や貨幣を考察する中で，このような人間の類的本質の把握の仕方では，社会的関係の中で生活をする現実の人間を把握することができないことを認識することになった。

　市民社会においても貫徹する人間相互の社会的性格を把握するためには，疎外論の困難を克服する必要があった。そこで，労働そのものがもっている社会的な性格を積極的に認める方向にマルクスは進んでいる。労働は人間の自然への働きかけであることはその通りだが，それは社会的な人間相互の協働によって営まれている。このことは市民社会においても変わらない。それゆえ，人間相互の社会的関係を考察するためには，社会的な側面を含めて労働概念を把握

---

2) 以上，カール・マルクス，フリードリッヒ・エンゲルス「ドイツ・イデオロギー」，
　『マルクス・エンゲルス全集』第3巻，大月書店，p.41，MEW 3, S.44.

する必要があった。つまり，労働概念は「人間の本質」というだけではなく，いわば「社会の本質」として捉えられなければならなかった。労働概念のこうした発展によって，労働がもっている社会的な性質を中心として，社会全体を「労働」の有機的全体と考えるという想定から社会そのもの，あるいは資本主義社会を考察するという基本的な視座が獲得されることになった。

　社会を考察するにあたって，マルクスが「労働」を中心的概念としたことは，歴史的文脈の中で社会を把握する方法としての唯物史観を確立したことと表裏一体の関係にある。ヘーゲルは，諸社会に通底する人間の本質を「理性」として把握することで，絶対理性の自己展開として人間の歴史を叙述することができた。ヘーゲルにおける絶対理性の役割を，マルクスの場合には「労働」が担っている。歴史上のさまざまな社会に共通する「社会の本質」を「労働」として把握することで，社会の構造とその変化（＝歴史）を，「労働」の社会的なあり方とその変化として描写することができるようになった。『ドイツ・イデオロギー』段階でマルクスは，「社会的活動」[3]としての「物質的生活そのものの生産」が「あらゆる歴史のひとつの根本的条件」[4]であるという認識に達している。この認識が唯物史観のベースであり，このあとマルクスが終生続けることになる経済学研究を通じて変わることなく維持され，最終的には集大成としての『資本論』にも通じている。『資本論』の草稿段階に見られる以下のような叙述には，労働＝生産が社会の本質であり，社会的関係を考察する場合の出発点であるという考え方が端的に示されている。

　「前ブルジョア的歴史もその各段階も自己の経済をもっているし，運動の経済的基礎をもっている，ということは，結局のところ，人間の生活はずっと昔から生産に，どうであれ<u>社会的な生産</u>にもとづいている，ということのたんなる同義反復にすぎない。そして，この<u>社会的生産の諸関係</u>こそ，われわれが経済的諸関係と呼んでいるものなのである」[5]。

3) 同上，p.25，S.29.
4) 同上，p.24，S.28.
5) カール・マルクス「経済学批判要綱　第二分冊」，『マルクス　資本論草稿集②』大月書店，p.139，MEGA，BandⅡ／1.2，S.393.（強調は引用者。以下，同様）。この叙述は，前段の部分を含めて『1861-3年草稿』の終わり近くでほぼ同じ内容で繰り返されている（「経済学批判（一八六一―一八六三年草稿）」，『マルクス　資本論草稿集⑨』大月書店，p.745，MEGA BandⅡ／3.6，S.2379）。このこと

　この叙述に見られるように，社会的な次元で把握された「生産」＝労働が社会の本質とされている。そして，こうした「社会的な生産」としての労働の社会性はいかなる社会にも妥当すること，さらには「経済」とはこうした「社会的な生産の諸関係」のことを意味しているとマルクスは考えていることがわかる。つまり，社会の本質は労働＝生産であり，経済とは労働の社会的な関係の描写であるという考えがマルクスの理論の一番基底にある強固な想定になっている。

　労働を社会の本質として考察の出発点に置くというマルクスの認識は，有名なクーゲルマン宛の手紙の中で，より率直な言葉で表現されている。ここでは，「価値概念を論証する」ことについて，「どの国民も，もし一年とは言わず数週間でも労働をやめれば，死んでしまうであろう，ということは子供でもわかることです。」[6]と述べている。この言葉は，労働価値論の解釈をめぐってしばしば議論の対象になるが，マルクスにとっては自らの論の前提の率直な表明である。ここからは，労働を社会把握の根幹に据えることは「子供でもわかる」自明のことであるというマルクスの認識を読み取ることができる。ただし，さらに注意を要するのは，こうした労働の本源性が「人間」や個人の次元ではなく，「どの国民も」という社会的な次元で語られている点である。

　マルクスによる本格的な経済学的叙述の出発点となっている「『経済学批判要綱』への序説」でも，冒頭で「社会の本質」としての労働概念について語られ

からも，この叙述に示されている認識が，マルクスの方法論にとって重要であると推測しうる。

　なお，『経済学批判（一八六一─一八六三年草稿）』については，『1861-1863年草稿』と略記し，『マルクス　資本論草稿集』の分冊番号（④〜⑨）とページ数，およびMEGAの対応する箇所を注に記す。

6)「1868年　マルクス──ルートヴィッヒ・クーゲルマン　七月一一日」，『マルクス─エンゲルス　資本論書簡②』大月書店〔1971〕p.162，Werke 32, S.552.

　こうした叙述の祖型は，唯物史観が形成された『ドイツ・イデオロギー』段階ですでに表明されている。そこでは，「それほどにこの活動，この間断なくおこなわれつづけている感性的な労働と創造，この生産は現にいま存在するごとき全感性的世界の基礎なのであるから，もしもかりにそれがたった一年間でも中断されたとすれば，フォイエルバッハは……（中略，引用者）……彼自身の存在すらもがたちどころに消えてなくなるのに気づくにちがいない」（前掲『ドイツ・イデオロギー』p.40，S.44）と述べられている。

ている。「社会のうちで生産している諸個人が――それゆえ諸個人の社会的に規定された生産が，もちろん出発点である」[7] という冒頭の言葉に続けて，「生産は総体（Totalität）であ」り，「もろもろの生産諸部門をあわせた大なり弱小なりの一つの総体のかたちで活動しているのは，つねに，ある一つの社会全体であり，一つの社会的主体である」[8] としている。こうした叙述は後に見るように何度も繰り返されるのだが，そこには社会全体をひとつの労働の体系と見なすというマルクスの基本的認識が示されている。

　初期マルクスにおける労働価値論の形成過程から前章で明らかにしたことは，マルクスの労働価値論は，『資本論』の叙述のような考察のプロセスをたどって形成されたのではないという点である。つまり，彼は「価値」の内実を明らかにするという課題を自らに課して，さまざまな候補の中から労働（量）を抽出するという過程を経て労働価値論を採ったわけではない。彼の主たる関心は歴史の駆動因となる「人間の本質」を明らかにすることであり，その探求の結果として労働に到達し，それをさらに進めて「労働」を「社会の本質」へと発展させることによって，唯物史観を確立している。

　そして，こうした労働＝社会の本質という認識によって獲得された史的唯物論によって，労働価値論は受容可能なものとなった。疎外論を用いている『経哲草稿』段階では，現実の人間相互の関係からその本質である「労働」が疎外されて失われると考えられていた。それゆえ，人間の社会的関係である交換関係に労働は含まれないと考えられたので，労働価値論は受容されなかった。それにたいして，社会の本質である労働は（資本主義社会にあっても）人間の社会的関係の中に貫徹するという認識によって，労働価値論はマルクス自身の社会把握の方法に適合するものになった。それゆえ，唯物史観の形成をもたらした労働の社会的性質についての認識が，労働価値論を展開する場合の前提となっている。マルクスはこの方法論的土台の上に自らの論理を構築していくことになる。

　マルクスの労働価値論にたいする古典的な批判の代表者であるベーム＝バヴェルクは，『資本論』の叙述を文字通り一字一句丁寧に検証した後で，「たしかにマルクスがその命題（労働価値論――引用者）の真理であることを，事実上

7）カール・マルクス「『経済学批判要綱』への序説」，『マルクス　資本論草稿集①』
　　大月書店 p.25, MEGA Band Ⅱ／1.1 S.21
8）同上，p.29, S.23.

真面目に確信していたことは疑いない。けれども，彼の確信の根拠は，その体系のなかに記述している根拠とはちがうところにある。」[9] と指摘している。このベーム＝バヴェルクの指摘は極めて正確に的を射たものだと言える。すでに述べたように，マルクスは『資本論』に見られる「蒸留法」的な思考によって価値の内実としての労働に至ったわけではない。マルクスが価値の実体として労働を用いる理由は彼の社会把握の方法によって与えられていて，労働自体は社会考察の前提となっている。

　ただし皮肉なことに，労働価値論の展開にあって「労働が前提されている」ということが，マルクス経済学の側で必ずしも積極的に認められてこなかった理由もまたベーム＝バヴェルクの批判にある。この批判者は，「すべての価値はもっぱら体化された労働量に依存するという彼（マルクス——引用者）の学説の基本命題」は「自明な公理」つまり「証明を必要としない公理」[10] ではないとして，何らかの手段によって証明することを求めている。この批判は，後の労働価値論への攻撃の典型となるが，ベーム＝バヴェルクが求めている証明にたいして「労働が前提されている」と答えることは証明を放棄することに等しい。そうであればこそ労働価値論を擁護する側からは，こうした批判に真っ向から答えるための「証明」がさまざまな方法によって試みられてきた。

　しかし，マルクス労働価値論の論理構造を明らかにするためには，ベーム＝バヴェルクの批判（あるいは，その後の彼に倣った批判）と，彼が求めたような労働価値論の「証明」については，いったん考察の外に置く方が有益だと考えられる。というのも，こうした批判はマルクスの価値論と一般的な価格論との方法論的違いを無視したものだからである。この違いを考慮せずに，ベーム＝バヴェルクの批判に真っ向から答えようとしたヒルファーディングは，相手の土俵にのって「証明」を試みた結果として，単純商品生産説という大きな問題を孕んだ解釈を生み出すことになった[11]。このことが，マルクスの擁護者対批判者の論争だけではなく，マルクス経済学の内部における論争にも一定の方向性（必ずしも適切ではない方向性）を与えることになった。しかも，こうした不適切な副産物を用いたとしても，なおベーム＝バヴェルク的な意味での労働価値論の「証明」は成功していない。結局のところ，労働価値論を擁護しよう

9) オイゲン・フォン・ベーム＝バヴェルク〔1969〕p.104.

10) 以上，同上，p.91.

11) この点については，ルドルフ・ヒルファーディング〔1969〕を参照。

とする多様な試みのほとんどは，ある程度のニュアンスの差はあっても，「労働」を何らかの意味で特権化しなければ労働価値論の意味内容も正当性も理解できないと認めざるを得ない点は共通している。

　それゆえ，むしろまずは労働を「前提」として扱うことの意味をマルクスの論理に沿って正確に理解することが重要であると考えられる。先の批判に続けてベーム＝バヴェルクは，マルクスが労働価値論を採用した「ちがうところ」にある理由として，自分の主張（特に資本主義的搾取の解明）に都合が良いから古典派経済学の権威を鵜呑みにしたと推測している。これは正しくない。このことは，マルクスが古典派の労働価値論と自らのそれとの違いを何度も強調していることからも明らかである。マルクスが労働を論の前提としている意味は，古典派のように価値の量的な基準を明らかにするためではなく，彼が資本主義社会の全体像を分析する上での根本的な方法論に深く根差している。ベーム＝バヴェルクとヒルファーディングの古典的論争の編集者であるスウィージーが認めるように，マルクス労働価値論への批判と擁護の間には「見解上の根本的な相違」[12]がある。こうした違いを明確にするためには，マルスクスの「見解」を明らかにすることが先決である。

第2節　唯物史観による「労働」概念の具体化

　「社会の本質」として把握された労働概念は，マルクス独自の社会把握の方法である唯物史観によって，より具体的な意味を与えられている。前章で見たように，唯物史観が確立された『ドイツ・イデオロギー』の段階でマルクスは，「生産諸力，諸資本および社会的諸交通形態のこの総体（Summe）は哲学者たちが『実体』とか『人間の本質』とかとして表象してきたもの，彼らが祭りあげたり叩いたりしてきたものの実在的な根拠なので」[13]ある，という認識に至っている。つまり，社会の本質としての労働概念は，「生産諸力」と「社会的諸交通形態」の「総体」として把握されていて，後に定式化された段階では，よく知られている生産力と生産関係の弁証法という社会把握の方法によって具体化されるこ

12）Ｐ．Ｍ．スウィージー〔1969〕p.19.

13）前掲「ドイツ・イデオロギー」p.34，S.38.

82

とになる。これが，このあとマルクスが終生続けることになる経済学研究の「導きの糸」[14]になっている。そこで，唯物史観という社会把握の方法によって，マルクスが「労働」概念についてどのような想定を行っているのかについて考察していく。

『ドイツ・イデオロギー』では，労働概念について以下のように述べられている。

「労働における自己の生の生産にしても，生殖における他人の生の生産にしても，およそ生の生産なるものはとりもなおさず或る二重の関係として —— 一面では自然的関係として，他面では社会的関係として—— 現れる。ここで社会的というのは，どのような条件のもとであれ，とにかく幾人かの諸個人の協働（Zusammenwirken）という意味である」[15]。さらに別の個所では，「生産力の或る総量（Summe），或る歴史的に作られた対自然の関係と諸個人相互間の関係」[16]と述べている。

ここで述べられている「二重の関係」のうち，「自然的関係」や「対自然」としての労働の側面は，すでに『経哲草稿』段階で獲得されていた視点である。これに労働の「社会的関係」が加えられたことが唯物史観の形成につながっていることは前章で考察した。つまり，労働は，自然に働きかけるものとしての労働だけではなく，「社会的関係」や「諸個人相互間の関係」という社会的な側面と合わせた「二重の関係」として捉えなおされている。前章の終わりで見たように，初期マルクスの最後の段階では，「生産のさいに，人間は，自然にたいして関係するだけではない。彼らは，一定の仕方で共同して活動し，その活動を相互に交換しなければ，生産できない。生産するために，彼らは互いに一定の関係やつながりを結ぶが，こうした社会的関係やつながりの内部ではじめて，彼らと自然との関係がおこなわれ，生産がおこなわれるのである」[17]という基本的な認識が明確化されている。社会を把握するための基盤としての労働をこうした「二重の関係」として捉える視点は，『資本論』における「商品に表される

---

14) カール・マルクス「経済学批判　第一分冊」，『マルクス　資本論草稿集③』大月書店，p.205，MEGA BandⅡ／2，S.100.
15) 前掲「ドイツ・イデオロギー」p.25，S.29-30.
16) 同上，p.34，S.38.
17) カール・マルクス「賃労働と資本」『マルクス・エンゲルス全集』第6巻，p.403，MEW 6，S.407.

労働の二重性」や「労働過程と価値増殖過程」へと続いていく非常に重要なマルクスの基本的なモチーフである。

　このうち自然的な属性は，「生産力」に対応している。唯物史観では生産力の一定の発展段階に照応して特定の生産諸関係がとられるとされ，生産力が社会把握の土台になっている。『ドイツ・イデオロギー』と同時代に書かれたアンネンコフ宛のマルクスからの手紙では「彼ら（人間——引用者）の生産力——人間の全歴史の基礎をなしているもの」[18]と述べられている。そして，『資本論』では，「生産力は，もちろんつねに，有用的具体的労働の生産力であ」り，「生産力は，労働の具体的有用的形態に属する」[19]とされていて，労働の対自然的な性質は商品の使用価値や労働過程に対応する労働 ——「具体的有用的労働」—— として描写されている。これが，労働の歴史貫通的な性質であるという理解は，標準的なマルクス解釈としては一般的なものである。

　そして，労働がもつもう一つの側面である「社会的関係」が，唯物史観を構成するもう一つの要因である「生産関係」と結びつくことになる。ただし，ここから歴史的な生産関係としての資本主義社会の考察に進む前に，注意しなければならない点がある。それは，先の「自然的」性質が歴史貫通的であるだけではなく，この社会的な側面もまたあらゆる歴史時代に共通するものだという点である。先に述べたように，労働がすべての社会に共通する「社会の本質」であるという認識が唯物史観の成立にとっての決定的な契機であった。それゆえ，労働の自然的側面だけではなく，社会的関係としての側面もまたあらゆる社会に共通する概念である。マルクスは「生産のどんな段階にも，労働のある種の共通性，労働の社会的性格などが存在している」[20]としていて，「労働の社会的性格」もまたあらゆる歴史的段階における「ある種の共通性」があるとしている。前節で引用した「人間の生活はずっと昔から生産に，どうであれ社会的生産にもとづいている」[21]という言葉からわかるように，どのような社会形態

18)「1846年　マルクス——パヴェル・ヴァシリエヴィッチ・アンネンコフ 一二月二八日」，前掲『マルクス・エンゲルス 資本論書簡①』p.55，MEW27，S.452.
19) 以上，前掲『資本論』pp.78-79，S.61.
20)　カール・マルクス「経済学批判要綱　第一分冊」，『マルクス　資本論草稿集①』大月書店，p.521，MEGA BandⅡ／1.1，S.306.
21) 本章注5。

にあっても共通した「労働の前提となっている共同社会的性格」[22] が想定されている。

それはどのようなものなのか。先の『ドイツ・イデオロギー』からの引用では，「社会的」というのは「とにかく幾人かの諸個人の協働という意味」であるとされている。この「協働」は作業場における幾人かの協働作業のことではなく，社会全体での諸個人の協働を意味している。つまり，社会の本質としての労働概念は，それにふさわしく社会全体の総体的な次元で把握されている。

『資本論』の草稿段階でマルクスは，労働概念が「もろもろの生産部門をあわせた大なり弱小なりの一つの総体」[23]，「特殊的な労働諸機能のいっさいの総和」[24]，「社会的労働の総体」[25]，「社会的労働の一体系の一全体」[26]，「社会的労働の総体，全体」[27] として把握されていることを繰り返し述べている。社会的な協働によって「諸個人はもはや社会のためにしか，また社会の内部でしか生産しない」[28] のであり，「社会的労働の統一と相互的な補完」[29] が存在している。社会全体は諸個人の労働の総和からなっていて，それが相互に「協働」することによって社会全体で必要とされる富が生産され，「社会的労働の総体」として社会が成り立っているということをマルクスは想定している。そして，こうした「社会的生産は，それ自体としては，前提である」[30] としている。

このような社会全体での諸個人の「協働」は，裏を返していえば社会全体での他者の労働への「相互依存」を意味している。交換価値の分析においては，社会での労働の相互依存関係が「前提」されていることをマルクスは繰り返し

22) 前掲「経済学批判要綱　第一分冊」p.160，S.102.

23) 前掲『経済学批判要綱』への序説」p.29，S.23.

24) 前掲「経済学批判要綱　第二分冊」p.195，S.426.

25) カール・マルクス「経済学批判　原初稿」，『マルクス　資本論草稿集③』大月書店，p.120，MEGA BandⅡ／2，S.53.

26) カール・マルクス「分業について」『マルクス　資本論草稿集③』大月書店，p.540，MEGA BandⅡ／2，S.287.

27) 前掲「1861−1863年草稿」，『マルクス　資本論草稿集④』p.84，MEGA BandⅡ／3.1，S.48.

28) 前掲「経済学批判要綱　第一分冊」p.139，S.91.

29) 同上。

30) 同上，p.252，S.151.

て強調している。交換価値は、「どんな個人の生産も他のすべての人々の生産に
依存している」という「諸生産者相互間の全面的依存性をも前提している」[31]。
つまり、「各人が万人の生産に依存しているとすれば、万人もまた各人の生産に
依存しており、彼らはすべて相互に補完しあっている」[32] ことが想定されている。
こうした社会内での労働の相互依存は、交換価値の前提であり、すべての社会
に共通している。

　さらにマルクスは、社会全体での労働の相互依存・相互補完を社会そのもの
の再生産という視点から捉えていて、「共同体組織の再生産そのものが、各個人
の生産的活動の一つの一般的条件」[33] であるとしている。労働の社会的な総体に
おいては、「個人の労働」は「社会的労働の総体のなかのひとつの特殊性をなし
て」いて、社会に属している各個人の労働は「社会的労働の総体を特殊な部分
として補完する分肢」[34] であるとみなされる。それゆえ、社会内部で支出される
諸個人の労働が、社会の中で必要とされる富を生産するために適切に配分され
ること、そして、それによって社会が再生産されていると想定されている。社
会内での適切な労働量の配分によって社会が再生産されると想定はすべての社
会に共通する前提であって、「社会が」こうした「正しい本能に従っていること
が前提されている」[35]。

　労働の社会的性格を社会の再生産から捉える視点には、社会内部での諸個人
の労働量が社会的に必要な労働時間として適切に割り振られているはずだとい
う推論が含まれている。マルクスは、価値の量的規定をこのような意味での「社
会的に必要な労働時間」としている。『資本論』の冒頭部分で、社会的に必要な
労働時間は「現存の社会的・標準的な生産諸条件と、労働の熟練および強度の
社会的平均度とをもって、なんらかの使用価値を生産するのに必要な労働時間」[36]
と定義されているが、これは単純に技術的な条件に依存して決定される平均的
な労働時間ではない。文字通り、社会全体にとって必要とされる労働時間であ

---

31) 同上、p.135、S.89.

32) 前掲「経済学批判　原初稿」p.118、S.52.

33) 前掲「経済学批判要綱　第二分冊」p.195、S.426.

34) 以上、前掲「経済学批判　原初稿」p.120、S.53.

35) 前掲「経済学批判要綱　第二分冊」p.198、S.428.

36) 前掲『資本論』p.66、S.53.

って，社会の再生産に必要とされる労働時間である。先に引用したクーゲルマン宛の手紙の中でも，労働しなければどの国民も死んでしまうことは「子供でもわかる」と述べたのに続けて，「また，いろいろな欲望量に対応する諸生産物の量が社会的総労働のいろいろな量的に規定された量を必要とするということも，やはり子供でもわかることです」と述べている。そしてさらに，「このような，一定の割合での社会的労働の分割の必要は，けっして社会的生産の特定の形態によって廃棄されるものでは」ない「自然法則」[37]だとしている。

こうした推論は「社会全体を単一個人と見なす」[38]という想定から導き出されている。つまり，「社会が自己の諸必要全体に即応する生産を達成するためには，その時間を合目的的に分割しなければならないのは，個々人が，適切なわりふりでもろもろの知識を得たり，あるいは彼の活動にたいするさまざまの要請に満足をあたえたりするために，彼の時間を正しく分割しなければならないのと同様である」[39]とマルクスは考えている。また別の個所では，「交換価値が前提するのは，単一個人（社会）がさまざまの労働を行い，自分の労働時間をさまざまの形態で使用する，ということではなくて，各個人の労働時間がもっぱら，必要な特殊的諸機能に当てられている，ということ」[40]だとしている。社会を一人の個人と見なして，社会的な労働量配分を個人の労働の割り振りになぞらえる考え方は，『資本論』では「ロビンソン物語」として登場する。そこでは，ロビンソンは「必要そのものに迫られて，彼の時間を彼のさまざまな機能のあいだに正確に配分しなければならない」と述べた上で，「そこには，価値のすべての本質的規定が含まれている」[41]としている。

社会全体がその内部での諸労働の適切な配分によって再生産されることは，すべての社会に共通するとマルクスが考えていることは，ロビンソン物語と同様に，資本主義社会と他の社会を比較することからも明らかになる。特に，社会主義者として構想する将来社会への言及からはより明確にこうした基本的想

37) 以上，前掲「1868年　マルクス—ルートヴィッヒ・クーゲルマン　七月一一日」p.162，S.552-553.
38) 前掲「経済学批判要綱　第二分冊」p.195，S.426.
39) 前掲「経済学批判要綱　第一分冊」p.162，S.104.
40) 前掲「経済学批判要綱　第二分冊」p.196，S.426.
41) 前掲『資本論』p.130，S.91.

定を読み取ることができる。マルクスは『要綱』において，「共同社会的生産が
前提されているばあいでも，時間規定はもちろんあいかわらず本質的なもので
ありつづける」として，社会内での労働量の適切な配分としての「時間の経済」
は共同社会的生産においても「第一の経済法則」[42]であるとしている。同様の考
えは『資本論』においても繰り返されていて，「個人的労働力を自覚的に一つの
社会的労働力として支出する自由な人々の連合体」においては，「個人的にでは
なく社会的に」ロビンソンの労働の規定が再現されるとして，こうした将来社
会いおいても「労働時間の社会的計画的配分は，さまざまな欲求にたいするさ
まざまな労働機能の正しい割合を規制する」[43]としている。

　これまでの考察から，史的唯物論的においては，「二重の関係」として把握さ
れた労働概念がマルクスの社会把握の基盤となっていることを明らかにしてき
た。歴史上に現れる諸社会は，それぞれに特殊な生産様式とそれに対応する法
則を持つが，「他方でまったく確かなのは，あらゆる形態における人間の生産が，
ある種の，同一のままにとどまる諸法則または諸関係をもつ，ということである。
この同一なものはまったく単純であり，またきわめてわずかなきまり文句で
まとめられることができる」[44]というのがマルクスの基本認識である。こうした
「諸法則」は，労働の自然的側面だけではなく，社会的側面にも同様に想定され
ていて，労働の二つの側面がもつ歴史貫通的な性質が労働価値論を展開するた
めの前提になっている。このうち，労働の社会的側面とは社会全体での諸労働
の協働と相互依存であり，そうした社会的労働の総体の中で社会に必要な労働
（時間）の適切な分割と配分が行われることが，社会が再生産される条件になっ
ている，とマルクスは想定している。

第3節　投下労働価値説と単純商品生産説

　労働の社会的側面が持っている歴史貫通的な性格——社会内での協働と相互
依存——と，社会内部での労働量の適切な配分によって社会が再生産されると

---

42) 以上，前掲「経済学批判要綱　第一分冊」p.162, S.103-104.

43) 以上，前掲『資本論』pp.133-134, S.92-93.

44) 前掲「1861－1863年草稿」，『マルクス　資本論草稿集⑨』p.584, S.2269.

いう想定が労働価値論の前提となっていることを確認したうえで，従来の労働価値論をめぐる論争の中で現れてきたいくつかの解釈について触れておく必要がある。

　最初に確認したいのは，マルクスの労働価値論は，生産主体が直接支出した労働量によって価値を説明するような理論ではないということである。こうした素朴な労働価値論，いわゆる「投下労働価値説」をマルクスは採っていない。「労苦や煩労」としての労働によって商品の価値を説いたアダム・スミス以来，労働価値論を理解する場合にはこうした解釈が明に暗につきまとってきた。しかし，「労働を心理学的に，労働が個人に与える快・不快との関連で考察」[45]することをマルクスは明確に否定している[46]。こうした「A・スミスの犠牲説」は，「賃労働者が彼自身の活動にたいしてもつ主観的関係は正しく表現しているが，この説ではやはり，彼（スミス ── 引用者）が望んでいるもの，つまり労働時間による価値の規定は，出てこない」[47]としている。そして，「A・スミスがしくじったのは，ただ，彼が労働の対象化を，手でつかみうる対象の形で固定された労働だとして，いささか粗雑すぎるしかたで把握した点」[48]にあると述べている。

　マルクスが価値の裏付けとして扱う労働は，「犠牲ではなくて，生産条件としての労働である」[49]。つまり，「価値の規定者になるのは，生産物に合体された労働時間ではなくて，現在必要な労働時間である」[50]とされている。他のところでは，「諸生産物の価値は，それらのなかに使われた労働によってではなく，それらの生産に必要な労働によって測られる」のであり，「諸生産物の再生産のための条件」，あるいは「生産的活動を更新することの可能性」[51]によって規定される労働量であるとしている。ここでの「再生産」は個別的な生産の現場で繰

---

45) 前掲「経済学批判要綱　第二分冊」p.343，S.501.

46) こうした叙述は，「経験的な論証」か「心理的方法」（以上，ベーム＝バヴェルク〔1969〕p.92）によって労働価値論は論証されるべきだとしたベーム＝バヴェルクの見解との明確な立場の違いを表している。

47) 以上，前掲「経済学批判要綱　第二分冊」pp.343-344，S.501.

48) 同上，p.741，S.710.

49) 同上，pp.343，S.501.

50) 前掲「経済学批判要綱　第一分冊」p.102，S.70.

51) 以上，前掲「経済学批判要綱　第二分冊」pp.343，S.501.

り返される生産という意味ではなく，先に確認したように社会全体の再生産を
意味している。こうした労働量は交換主体の主観的意識レベルで先験的に確定
できるわけではなく，ベーム＝バヴェルクが「再生産に必要な労働量」は「総
じて経験的に確定することの完全に可能なもの」[52] としているのとは明確な対照
をなしている。

　そして，マルクスの労働価値論が，投下労働価値説ではないこと確認するこ
とによって，彼が「単純商品生産説」を採っていないことも確認することがで
きる。こうした解釈もまた，スミスのビーバーと鹿の交換以来，労働価値論に
付随してきた伝統的な解釈である。マルクス経済学でも，ビーバーと鹿ほど単
純ではないが，労働価値論を何らかの意味で「単純な」（あるいは抽象的な）商
品交換によって理解しようとする単純商品生産説が通説的な地位を占めてきた。
この解釈にはさまざまなバリエーションがあるのだが，源流のひとつとなった
ヒルファーディングの解釈では，「商品がその価値どおりに交換されるために必
要な諸条件」は，「労働者たちが彼らの生産手段を所有し，平均的にひとしい時
間的長さと強度とをもって労働し，そして彼らの商品を直接たがいに交換する
場合」[53] であるとされる。彼以降も，単純商品生産説の多くでは，商品生産者が
生産手段を自ら所有することと，自分で支出した労働によって生産した商品を
交換することが標準的な想定になっている。

　こうした解釈によって労働価値論が擁護されうると考えるのは，自分で労働
した人ならば商品に投下された労働量を経験的に知っているので，その労働量
を交換の際に基準として使うはずだということを暗黙の裡に想定しているから
である [54]。実際，ヒルファーディングはそうした想定をしている。しかし，先

---

52)　ベーム＝バヴェルク〔1969〕p.92.

53)　以上，ヒルファーディング〔1969〕p.194.

54)　加えて述べるならば，こうした想定自体にも問題がある。自己労働によって
　　商品を生産したからといって，自分が支出した労働時間を交換の基準にする理
　　由はない。むしろ，商品交換者の主観的なレベルで議論するならば，なるべく
　　高く売ろうとするか，それがかなわない場合には自分の生活を保持できる価格
　　水準で妥協すると考える方が現実的な想定であるように思われる。A.スミス
　　が用いたビーバーと鹿の交換に見られる直感的なわかりやすさに欺かれがちだ
　　が，自分で労働したということと，交換においてその労働量を基準とすること
　　は本質的に別のことである。

90

に確認したように，価値の背後に想定されている労働量は社会全体の再生産に
必要とされる労働量であり，直接的な生産者，または商品交換者の次元では経
験的に知りようがない。それゆえ，自分の商品に直接投下した労働量を知って
いる商品交換者を想定することは，マルクスの労働価値論の説明になんら役立
たないことになる。

　実際，労働価値論の展開において，自分の労働と結びついた未発達な商品交換，
あるいは何らかの意味で非資本主義的な商品交換を想定することをマルクスは
明確に否定している。彼は，アダム・スミスが労働価値論を初期未開の状態に
よって説明することを「価値規定の現実性をアダム以前の時代へ移している」
として，「人間がまだ資本家，賃労働者，土地所有者，借地農業者，高利貸等々
としてではなく，ただ単純な商品生産者および商品交換者として相対していた
にすぎなかった市民階級の失われた楽園」[55]によって労働価値論を説明している
と批判している。そして，A・スミスが「分業のもとにある労働者たちが商品
所有者かつ生産者であるという前提」を用いていることを「幻想」[56]であるとし
ている。

　単純商品生産説はマルクス自身の直接的叙述によって否定されるだけではな
く，さらに根深い問題を含んでいる。先に触れたように，こうした労働価値論
解釈の本当の問題点は，一般的な「価値（価格）論」における方法論と，マル
クスが労働価値論を展開する際の方法論的な違いを正確に理解していない点に
ある。単純な商品交換主体によって労働価値論を擁護しようとする論は，商品
交換主体がどのような基準で交換を行うかという主観的な認識を出発点としてい
る。ヒルファーディングの単純商品生産説は，もともとは『資本論』第一部
の価値と第三部の生産価格の整合性の問題，いわゆる「転形問題」への批判に
応えるために編み出されたものだった。資本主義社会においては，商品交換者
が利潤率を基準とした交換を行うことで，平均利潤にもとづく生産価格が形成
される。それにたいして，労働（量）を交換の基準とする商品交換者を想定す

---

55) 前掲「経済学批判　第一分冊」p.258，S.136.
56) 前掲「1861–1863年草稿」，『マルクス　資本論草稿集④』p.465，MEGA
　　BandⅡ／3.1，S.263.

れば労働価値論が成り立つはずだという発想が採られている。資本主義社会とは異なった次元の商品交換者を用いることで価値と生産価格の違いを説明できるという発想のもとに，単純商品生産説が展開されることになった。

　しかし，単純商品生産説は，商品交換者の主観的な基準によって労働価値論を説明している時点で，マルクスと同時代に現れた価格理論が用いる方法論的個人主義を暗に含むことになっている。ベーム＝バヴェルクはこうした方法論が正しいと考えて同様の「証明」をマルクスに求めたが，交換者の主観によって労働価値論を説明している点でヒルファーディングの反批判はベーム＝バヴェルクの土俵に完全に乗ってしまっている。しかし，すでに確認したように，マルクスは商品交換者の主観的な交換基準にもとづいた「心理学的」な方法，あるいは方法論的個人主義に基づいた論理展開を明確に否定している。これまで考察してきたように，マルクスの価値論の前提になっているのは社会的な再生産過程であり，その次元で捉えられた労働（量）である。このことは「俗流経済学」とマルクス経済学の違いとしてしばしば強調される点であり，ヒルファーディングの反批判でもこの点が正しく指摘されているのだが，単純商品生産説にも方法論的個人主義，あるいは心理学的方法が含まれていることはヒルファーディング自身にも自覚されていない。

第4節　労働価値論の前提としての資本主義社会

　前章において，単純商品生産説はマルクスの直接的な叙述との整合性がないということを述べてきた。こうした通説的解釈を否定することには，労働価値論の基本的前提を確認するという本章の課題にとって，もう一つのより積極的な意味がある。

　単純商品生産説がもっている致命的な困難は，この説を採るとマルクスの理論を体系的に理解する上で大きな不整合が生じる点にある。先に述べたように単純商品生産説では，商品交換者が生産手段を所有し，自ら労働を行うことが一般的に想定されている。これらはいずれも資本主義社会では成り立たない想定である。資本主義社会は，労働者が生産手段を所有しないことと，他人の労働の取得にもとづく商品交換によって特徴づけられる。それゆえ，単純商品生産説では何らかの意味で資本主義社会とは異なった商品交換が想定されること

になる[57]。

ところが,『資本論』は,全三部のうち第二部までが労働価値論にもとづいて叙述されている。特に,マルクス経済学にとって理論的な核心に位置する資本主義的「搾取」は労働価値論を厳密に適用することによって展開されている。それゆえ,単純商品生産説を採ると,資本主義社会とは別の次元で成り立つ理論を用いて,資本主義社会における搾取,さらにはこの社会の全体構造の大半が解明されていることになる。これは,経済学体系としての一貫性を損なうかなり致命的な問題である。マルクス経済学の内部では,この問題を何とか解決しようと様々な試みが行われてきたが,根本的な解決はできないままになっている[58]。

体系的な整合性は,マルクスの理論体系を理解する場合に最も重要な問題である。体系的整合性をもってマルクス労働価値論を解釈するためには,マルクスが労働価値論を展開する際に想定しているのは,非(前)資本主義的商品交換や抽象的空間に設定された交換ではなく,資本主義社会における商品交換であることを確認しておく必要がある。

---

57) 単純商品生産説のバリエーションの中には,前資本主義的な商品交換にも,資本主義的商品交換にも共通する抽象的な属性を抽出したものが単純商品生産であるとして,「自己労働」と「生産手段の所有」を想定する説もある。しかし,これらの想定は明らかに「非」資本主義的なものであって,資本主義的商品交換にも共通する商品生産の抽象的な姿ということはできない。「作業仮説」や「抽象的想定」という言葉を用いても,こうした抽象は正当化されない。

58) この問題に一定の解決策を提示したのが,宇野弘蔵が提起した労働価値論解釈である。この解釈では,商品や貨幣に関する章では労働価値論を用いずにその形態規定のみを行い,資本主義的生産が登場する段階で労働価値論の証明を行うという方法が採られる。こうした方法はマルクス自身の理論とは異なるが,従来の単純商品生産説がもつ体系的な難点を解消するうえで,宇野の再解釈が提起した問題意識と方法は重要な示唆を含んでいた。しかし,むしろ宇野の解釈への反発から単純商品生産説が通説化するという反作用を引き起こすことになった。その後も単純商品生産説の体系的な齟齬を解決するための解釈(例えば単純流通説など)が提起されたが,これらは宇野理論に近いものにならざるをえなかった。そのため,体系的な一貫性を重視した解釈は,逆に宇野理論に近づきすぎないように差別化が図られることで,労働価値論の論争はさらに複雑化していくという皮肉な結果を招くことになった。

　実際，このことをマルクスは繰り返し明確に述べている。例えば，「資本主義的生産が，すなわち資本が発展するにつれて，はじめて，商品について展開された一般的諸法則も，たとえば，商品の価値はそのなかに含まれている社会的必要労働時間によって規定されているという法則も，実現されるのである」[59]。また別のところでは，「純粋な労働時間による価値の規定は，ただ，資本による生産という，したがって二つの階級の分離という基礎のうえでのみ生じる」[60]としている。

　マルクスが資本主義社会における商品交換を想定して労働価値論を展開している理由は，これまでの考察で述べてきた労働価値論の「基本的前提」を確認することで明らかになる。マルクス労働価値論の基本的前提である社会内での諸労働の協働と相互依存は，資本主義社会において社会全体をとらえるほどに発展する。それゆえ，労働の協働と相互依存が社会の全体にまで広がり，社会全体が労働の一体系となっていること，そして，その中で労働の適切な配分が行われて社会全体が再生産されていること，こうした想定が全面的に「商品」の価値として現れる社会は資本主義社会以外ではありえないからである。資本主義社会においてこそ「生産は，その全範囲にわたって，つまりその広がりと深さから見てすっかり商品生産となり，すべての生産物が商品に転化し」ているのだから，「資本の，資本主義的生産の基礎上でのみ，実際に商品が富の一般的・基素的な形態となる」[61]ということが労働価値論の基本的前提である。つまり，社会全体を労働の総体，一体系として捉えることは，資本主義社会における商品生産の全面化という状態においてこそ明確になるということが，労働価値論にとって最も重要な前提である。

　もちろん，これは社会内での私的な分業の発展と表裏一体の関係をなしている。社会の本質としての労働の分割＝分業が進めば進むほど社会内での協働と相互依存の範囲は拡大していき，個々の生産物が商品として存在することが社会内で全面化していく。つまり，「社会的な諸欲求の体系がより多面的となり，個々人の生産がより一面的となるにしたがって，つまり労働の社会的分割が発

59）前掲「1861－1863年草稿」，『マルクス　資本論草稿集④』p.504，MEGA Band Ⅱ／3.1，S.286.

60）前掲「経済学批判要綱　第二分冊」p.683，S.681.

61）以上，前掲「1861－1863年草稿」，『マルクス　資本論草稿集④』p.504，S.286-7.

展するにつれて，交換価値としての生産物の生産が，あるいは言い換えれば交
換価値であるという生産物の性格が，決定的とな」るのだから，「単純流通のな
かでくりひろげられる交換過程が，単純ではあるが生産と消費との全体を包摂
する社会的素材転換として現れるためには，ブルジョア的生産の全体制が前提
となっている」[62]のである。つまり，マルクスが労働価値論を展開するための基
本的前提としている労働の二側面が，全面的に「商品」（の使用価値と価値）と
して表れる社会は資本主義社会以外ではありえない。それゆえ，「価値法則はそ
の完全な展開のためには，……（中略，引用者）……近代ブルジョア社会を前提する」[63]
のであり，労働価値論は資本主義社会を想定することによってのみ全面的に展
開可能な理論なのである。

第5節　本章のまとめ

　これまでの考察から，マルクスが労働価値論を展開する際の「基本的前提」
が以下のようなものであることを本章では示してきた。

　①　ヘーゲル学徒として学問的歩みを始めたマルクスは，歴史あるいは社会
の変化を駆動させる人間の本質（類的本性）を探求するという問題意識を一貫
して持ち続け，最終的にそれを「労働」に見出すことになった。そしてさらに，
労働を「社会の本質」とすることで，社会を労働の有機的全体として扱うとい
う社会把握の基本的な土台を確立した。
　②　社会把握の基礎となっている労働概念は，社会全体として総体的に把握
された労働であり，対自然的な側面とともに，社会的側面の双方を含む「二重
の関係」として把握されている。こうした二重の規定を含む労働を「社会の本質」
として社会を把握するという方法は，『資本論』へと変わらず続いていくマルク
スの基本的なモチーフである。
　③　労働の二側面のうち，自然的側面だけではなく，社会的側面もまたすべ
ての歴史段階に共通する性質を持っていて，それは社会全体での諸個人の「協働」

62) 前掲「経済学批判　原初稿」pp.117-118，S.52.
63) 前掲「経済学批判　第一分冊」p.259，S.137，S.286-7

と，その裏面としての諸労働の「相互依存」によって特徴づけられる。

④　社会内での諸労働が協働と相互依存の状態にあることから，社会内の各生産部門の諸分肢に労働（量）が適切に配分されることによって社会全体が再生産される。このこと自体は，生産が社会的に行われる諸社会において共通する性質として想定されている。そして，こうした社会の再生産のための条件が正常な状態が維持されることをマルクスは前提している。

⑤　労働の社会的側面としての協働と相互依存を社会全体に拡大するのは資本主義社会であり，社会の再生産が全面的に商品によって支配されるのは資本主義社会である。それゆえ，資本主義社会の分析は商品から始まる。

　こうした基本的前提は『資本論』の叙述にもちりばめられているが，まとめて詳細に述べられているわけではない。その理由は本稿の最初に触れたように，弁証法的叙述の方法にある。端緒範疇から，概念が概念を生み出すように展開されるべき弁証法的叙述方法を用いて資本主義社会の内的な構造を明らかにしようとしているマルクスは，自らの論の前提をあえて長々と述べようとしなかった。先に述べたように，マルクスは資本主義社会を想定しながら労働価値論を展開しているのだが，資本は，商品，貨幣の概念が十分に展開された後で，そこから導かれて発生論的に展開されるべきものだと考えていた。そのため，資本論の第一章では資本（主義的生産）への言及が注意深く避けられている。ただし，マルクスは「弁証法的形態で叙述することは，自分の限界をわきまえている場合にのみ正しい」として，「ブルジョア的生産様式の内部では，単純流通そのものが，資本の前提であるとともに資本を前提としている」[64] ことを述べている。

　ただ，弁証法的叙述の限界を認識しながらも，唯物史観によって与えられるこうした「基本的前提」は，『資本論』の冒頭の一文，「資本主義的生産様式が支配している諸社会の富は，『商品の巨大な集まり』として現われ，個々の商品はその富の要素形態として現われる」[65] という叙述に凝縮された形で述べられている。ここで述べられている「富」には何の定義づけもなければ，注釈もつ

---

64) 以上，前掲「経済学批判　原初稿」p.194，S.91.

65) 前掲『資本論』p.59，S.49.

けられていないが，この言葉はマルクスにとって「生産力」を意味している。マルクスは，「富の発展——あるいは同じことであるが，社会的生産諸力の発展」，「人間の生産諸力の発展，すなわち富の発展」[66]というように，繰り返し「生産力」と「富」が同義であると述べている。そして，この生産諸力が生み出した生産物のほとんどすべてが「商品の巨大な集まり」になっている社会は「資本主義的生産が支配する社会」でしかありえない。それゆえ，人間の全歴史の基礎をなしている労働（の生産物）が全面的に商品として現れる資本主義社会を想定したうえで，「それゆえ，われわれの研究は，商品の分析から始まる」[67]と述べている。

　ただし，これまで述べてきた労働価値論の「基本的前提」については注意しなければならない点がいくつかある。まず，こうした一連の前提は，最初の①の想定——労働を「社会の本質」とするという想定——から唯物史観による社会把握の方法によって段階的に推論を積み重ねることによって演繹的に導き出されている点である。つまり，これらの基本的な想定は，「労働を社会の本質とするならば」という最初の想定に依存している。社会全体を労働の一つの総体とみなすこと，その労働を自然的側面と社会的側面の二側面から考察すること，さらには社会的側面から把握された労働から，社会全体の正常な再生産のためには社会で必要とされる労働量が適切に配分なさる必要があること，こうした諸前提は，マルクスの社会把握の方法から導かれる独自の想定である。

　それゆえ，こうした前提によって労働価値論の正当性が立証されわけではない。しばしば誤解される点であるが，マルクスが設定した独自の前提は，労働価値論の正当性を示すための根拠になっていると考えられることがある。しかし，これはあくまでもマルクスの社会観によって想定されている前提であって，こうした前提自体が正しいかどうか，または何らかの方法で証明できるかどうかは別途検証されるべき問題である。ただ，マルクス自身はこれらの想定を「証明」できていないし，証明するつもりもなかった。というのも，一般的にどのような科学であっても，方法論的な土台となっている命題群を何らかの方法で「証明」することはかなり難しいからである。マルクスの場合にも，なぜ労働が社会の本質なのか，そして，すべての社会的関係の基礎なのかは，簡単に答え

66) 前掲「経済学批判要綱　第二分冊」p.217，S.438-439.
67) 前掲『資本論』p.59，S.49.

られる問題ではなかった。実際，先に引用したグーゲルマン宛の手紙で「子供でもわかる」としか言えないことからも，自らの社会把握の方法に深く根差した「基本的前提」についてはうまく「証明」することができていない。ただし，こうした点を検討することは本章の課題ではない。ここではマルクスの理論が持っている独自性を確認することが課題である。

　そして，最後にもうひとつ注意すべき点がある。これまでで考察してきたことは，『資本論』の冒頭の一文に要約された形で置かれている「基本的前提」であって，労働価値論の論理展開の内容ではないということである。実際，先に引用したように，どのような社会にあっても「（労働——引用者）時間の経済」（＝社会内での必要労働量の適切な配分）が「第一の経済法則」であると述べた直後に，「けれどもこの法則は，労働時間によって諸交換価値（諸労働または労働諸生産物）を測ることとは本質的にちがっている」[68]とマルクスは述べている。労働時間の社会的配分が適切に行なわれるという前提は，労働時間によって交換価値を測ることとは別のことなのである。

　では，マルクスはこうした基本的前提から労働価値論によって何を展開しようとしていたのか。労働価値論の土台に唯物史観が存在していることを理解するならば，マルクスの課題は明らかである。それは，一定の「生産力」を前提としてとられる「生産関係」——すなわち労働の社会性が表現される特有の形態——を明らかにすることである。先のクーゲルマン宛の手紙の中で，「一定の割合での社会的労働の分割の必要」は「自然法則」としてどの時代にも共通しているが，「歴史的に違ういろいろな状態のもとで変化しうるものは，ただ，かの諸法則が貫かれる形態」[69]である，としている。つまり，『経済学批判　第一分冊』で述べているように，「ここで問題なのは，労働が社会的性格を受け取るさいの特有な形態だけであ」[70]り，この「特有な形態」を資本主義社会に独自の「生産関係」として描き出すために労働価値論は展開されている。その意味で，マルクスの社会把握の方法論である史的唯物論を，彼に独自な経済理論へと変換するための理論が労働価値論なのである。次章では，引き続きこの点を考察したい。

---

68)　前掲「経済学批判要綱　第一分冊」p.162, S.104.

69)　前掲「1868年　マルクス——ルートヴィッヒ・クーゲルマン　七月一一日」，p.162, S.552.

70)　前掲「経済学批判　第一分冊」p.220, S.112.

第3章 「生産関係」としての労働価値論

はじめに

　前章で見たように，マルクスは労働概念を「社会の本質」として出発点に置くことで史的唯物論という方法論を確立した。それゆえ，労働概念にマルクスが与えた基本的想定，すなわち，労働が自然的側面と社会的側面を持つこと，諸個人の労働は社会的な協働と相互依存の中で営まれ，社会的に必要な労働量が社会内で適切に配分されることによって社会全体が再生産されていること，これらはあらゆる歴史時代に共通する「社会の本質」として労働価値論の前提となっている。こうした諸社会を貫徹する労働の共通性によって，彼は社会のあり方，さらにはその変化としての歴史を考察しようとしている。

　ただし，労働にかかわるこうした想定は，労働価値論の前提であって，その理論的内容ではない。マルクスは，こうした前提からどのような理論を展開しようとしていたのか。労働価値論によってマルクスが展開しようとした課題は，当然唯物史観の基本的なモチーフによって与えられている。それは，資本主義社会に固有の「生産力」と「生産関係」のあり方を描き出すことである。特に，労働の社会的側面が表わされる独自の形態，あるいは社会的労働が媒介される際の特殊な形態を，資本主義社会を特徴づける根源的な「生産関係」として位置付けることがマルクスの労働価値論の課題であった。

第1節　紐帯概念から「生産関係」へ

　そこでまず，この「生産関係」という概念そのものの形成過程について考察したい。

　「生産力」とともに唯物史観を特徴づける「生産関係」という概念は，唯物史観の確立と同時に突然成立したわけではない。すでに第1章で考察したように，これは初期マルクスを通じて一貫して考察の対象となってきた「紐帯

（Band）」概念から，その延長線上に発展してきたものである。実際，「紐帯」概念は，初期マルクスの段階だけではなく，その後の『資本論』およびその草稿群における叙述でも交換価値や貨幣を考察する際には継続的に登場している。

　第1章を振り返っておくと，最初期の段階——マルクスが観念論者にとどまっていた『ライン新聞』の段階——では，「紐帯」は「特殊を普遍とむすびつけている目に見えない神経線維」[1]と規定され，個別的な存在と普遍的なものを結びつける媒体として位置付けられていた。この時期のマルクスは，ヘーゲルと同様に人間の普遍性（理性）は国法や議会といった政治的な次元において実現されると考えていて，出版の自由や慣習法は，個人（特殊）と国法や議会（普遍）を結びつける紐帯として積極的に擁護すべきであるという論陣を張っている。また，身分制議会であった当時のライン州議会のあり方は，土地や財産といった私的所有（物）を紐帯として議会と個人を結びつけるものであると批判している。私利にまみれた市民社会的要素である私的所有は，人間の普遍的理性を実現すべき議会への紐帯となるべきではないという論理を彼は展開していた。

　こうした議会，国法といった政治的世界の現状への批判は，「ヘーゲル国法論への批判」に本格的に取り組むことで，マルクス自身の論理による独自の社会把握へと進化していった。彼は，市民社会における「地上の理性」の矛盾から，その疎外態である国家・国法のあり方を批判的に解明しようとする。その中で，市民社会的な要素である私的所有という紐帯を完全に排除した民主制は，身分制議会からの進歩であるとして一定の肯定的な評価を与えている。しかし，この論理を突き詰めていくと，身分や財産に関係なく政治的な平等が実現される完全な民主制は，政治的な世界と市民社会的な現実との分離の完成ということになる。市民社会を切り離すことで政治的な平等を実現しても，市民社会の矛盾は解決されないまま残される。こうした認識を深めることで，真の問題は市民社会に存在する矛盾であり，その解消こそが真の人間の解放であることを明確化していった。それゆえ，身分制議会への批判は民主制そのものへの批判へと通じる結果となり，最終的にマルクスは，議会や国法といった政治的な次元では人間の真の解放は実現されないという認識に到達する。この段階で理性を

---

1) カール・マルクス「第六回ライン州議会の議事　第一論文　出版の自由と州議会議事の公表とについての討論」『マルクス・エンゲルス全集』第1巻 p.35, MEGA Band I /1, S.124.

起点とした観念論的な考えから，現実の市民社会の矛盾を把握するための唯物論へと大きく進むことになった。

　こうして彼の問題関心の領域は「市民社会」の現実的な矛盾にたいする批判へと移行していく。そして，これにあわせて私的所有という「紐帯」もまた市民社会における個人と個人の媒介関係を示す概念へと変化していった。その結果として，「ユダヤ人問題によせて」の段階で，市民社会における「紐帯」としての貨幣や（交換）価値が考察の俎上に載せられることになる。いよいよ経済学的な諸カテゴリーの本格的な研究へとマルクスが進んでいくことで，「紐帯」概念は，市民社会における諸個人を結びつける概念として，すなわち個人相互の関係性を解明するための概念へと発展していくことになる。

　ただし，市民社会を否定的に捉えていた当時のマルクスは，市民社会における紐帯である貨幣や交換価値もまた積極的な批判の対象としていて，こうした紐帯は人間の類的本性を含まない非本質的な関係ととらえていた。それゆえ，当時フォイエルバッハ的疎外論に深く傾注していたマルクスは，この市民的社会的紐帯を疎外によって考察できると考えた。市民社会では人間の本質は疎外されているのだから，「市民社会は，国家生活から自己を完全に切りはなし，人間を類として結びつけているあらゆる紐帯をひきさき，利己主義，私利的欲望をこの類的紐帯におきかえ，人間世界をたがいに敵対しあうアトム的な個々人の世界に解消する」[2]。人間的本質の疎外によって，人間相互の関係の中には類的な本質は何ら含まれていないのだから，「彼らを結合する唯一の紐帯は，自然的な必要，欲望と私利，所有と利己的一身との保全であ」[3]るとされる。そして，市民社会の「実際的な欲望と利己主義の神」として「貨幣」[4]が位置づけられている。

　これに続く『経済学・哲学手稿』で，マルクスは人間の本質を労働として把握するという大きな進展を見せたが，同時代の『パリ・ノート』の段階でも，市民社会における「紐帯」については，疎外論的な認識が引き継がれている。市民社会では，「かれを他の人間と結びつける本質的紐帯が非本質的紐帯となっ

て」⁵⁾いるのであり,「われわれの生産を互いに結びつける紐帯は,人間的な本質ではない」⁶⁾。それゆえ,「非本質的紐帯」としての交換価値や貨幣には,人間の本質である労働は含まれないことになる。こうした疎外論を用いた社会把握の方法のために,この時期のマルクスが労働価値論を拒否していることはすでに考察した。ただし,この時期のマルクスは労働価値論を受容していないにもかかわらず,後の価値形態論に通じるような論理を展開している。これは,「紐帯」概念によって,市民社会における個人を結びつける独自の社会的関係として交換価値や貨幣を把握しようとしているからである。マルクスは,市民社会を特徴づける交換価値や貨幣という「紐帯」を,人間相互を結びつけている独特な社会的形態として考察しようとしている。

こうした紐帯についての認識は,唯物史観の確立によって大きな転換点を迎えることになった。新たに獲得された社会把握の枠組みによって,労働概念を「社会の本質」とすることで,社会の構造と変化を歴史貫通的に把握する方法をマルクスは獲得した。この社会把握の方法によって,マルクスは労働価値論を受容することになった。つまり,市民社会では労働が疎外されているのだから人間相互の関係(交換価値や貨幣)に人間の本質(労働)は含まれないとする認識(労働価値論の拒否)を克服して,市民社会的な「紐帯」としての私的所有の交換(交換価値)および貨幣は,労働の「社会的関係」を表現するものとして把握されることになった。

マルクスは,『経済学批判要綱』の段階で,「交換価値においては,諸商品(諸生産物)は,その<u>社会的実体</u>,すなわち<u>労働</u>,にたいする諸関係として措定されている」⁷⁾という認識に到達している。前章で述べたように,マルクスは労働価値論の基本的前提として,「社会的実体」としての労働を「一般的労働」「社会的必要労働」,すなわち個別的労働とは次元を異にする社会的な労働として想定している。こうした認識の獲得によって,市民社会の「紐帯」である交換価値や貨幣は,特殊と普遍をつなぐ媒体という本来の意味通りに,個々の労働とその生産物(特殊)を社会的労働の総体(普遍)へと媒介する「紐帯」として

5) 前掲カール・マルクス『マルクス 経済学ノート』p.97, MEGA Band Ⅳ/2, S.452.
6) 同上, p.112, S.436.
7) カール・マルクス「経済学批判要綱 第一分冊」,『資本論草稿集①』p.220, MEGA Band Ⅱ/1.1. S.135.(下線は引用者。以下,同様)

把握されることになった。「個人の労働が社会的労働の総体のなかのひとつの特殊性をなしてい」[8]ることを基本的前提として，この特殊（個別的な労働）を普遍（「一般的社会的労働」）[9]と結びつける市民社会的な「関係」のあり方がマルクスの主要な関心事となっている。

　このようにして，マルクスが一貫して追求してきた市民社会的における「紐帯」，すなわち個別（個人）と普遍（社会）をつなぐ社会的な関係のあり方は，社会において個別的労働と社会的労働をつなぐ「関係」として捉えなおされることになる。こうした労働の社会的媒介関係が，「物象的な必然性として現象し」，「ひとつの外的な紐帯〔Band〕」[10]となったものが交換価値である。そして，マルクスは個別的労働と社会的な労働を結ぶこうした「紐帯」のあり方に資本主義社会のもっとも根底にある社会的関係を見いだしている。ここに，労働の社会的な媒介関係を表現する概念としての「生産関係」が形成されることになる。

　そこで，この「生産関係」と労働価値論の関係についてさらに考察を深めていくことにしたい。ただし，その前にここでひとつ確認しておくべきことがある。それは，「生産関係」という概念は文字通りの「生産」の場——労働が支出される直接の場——における関係を指す概念ではないという点である。従来の労働価値論をめぐる議論においては，「生産関係」という言葉をこうした狭い意味に解釈して，『資本論』冒頭の商品論で想定されている「生産（それ自体の）関係」は何かという点が問題になってきた。こうした議論は，労働価値論の「証明」の問題にかかわっているだけに議論がしばしば妙な方向に進むことになった。つまり，どのような生産関係を想定して労働価値論を理解すべきなのかを中心的な争点として，資本主義的生産関係であるのか，単純商品生産関係であるのか，あるいは商品生産に共通の生産関係（多くの場合，自然発生的な社会的分業を意味している）であるのか，ということが議論された。しかも，労働価値論を「証明」するためには，何らかの具体的な生産の姿が商品論で示されなければならないという不可解な条件設定[11]が加わることで，なおのこと「生

8) カール・マルクス「経済学批判　原初稿」，『マルクス　資本論草稿集③』p.120, MEGA Band Ⅱ／2，S.53.
9) 同上，p.121，S.54.
10) 以上，同上（訳を一部変更）。
11) こうした条件設定が重視された理由は，宇野弘蔵の影響だと考えられる。すでに述べたように，宇野によるマルクスの再解釈では，商品論では生産過程を

産関係」という言葉は誤解されがちであった。

　しかし，「生産関係」というのは，そうした直接的な生産における関係だけを指す概念ではない。すでに述べたように，商品論の背後にある「生産」は資本主義的生産であって，それを総体的な「生産関係」として把握することにマルクスの理論的意図がある。それゆえ，「生産をその総体性において考察する場合には，貨幣関係それ自体が一つの<u>生産関係である</u>」[12]と述べているように，貨幣や，その内実としての価値それ自体がひとつの「生産関係」である。しかも，価値関係が，生産のあり方を規定する端緒的で基底的な生産関係であることを示すことに労働価値論の真の意味がある。この点を以下で考察していくことにする。

第2節　「生産関係」＝労働の社会的媒介関係としての価値

　そこで改めて，「生産力」と「生産関係」の解明として展開されるマルクス独自の労働価値論の意味を考察していきたい。これまでの考察で明らかにしてきたように，マルクスは唯物史観にもとづいて資本主義社会の解明を行うために，『資本論』冒頭でこの社会における「生産力」と「生産関係」相互の関係を明らかにしようとしている。マルクスは労働が社会の本質であることを前提して，それが自然的関係と社会的関係という2側面をもつものとして捉えていた。そして，商品論において，そのそれぞれを商品の二要因に対応させることによって生産力と生産関係を描き出そうとしている。

　このうち「生産力」については，使用価値，あるいはそれを生み出す労働で

明示せずに形態規定のみを扱い，資本主義的生産が登場した段階で労働価値論を証明しようとする。これにたいする反論として，商品論では何らかの直接的な生産の姿が描き出される必要があると主張されるようになった。しかし，具体的な生産の姿を商品論で示すことは，労働価値論の正当性を示すための必要条件でもなければ，十分条件でもない。つまり，具体的な生産の姿が示されなければ労働価値論を証明できないわけではないし，逆に具体的な生産の姿を示せば労働価値論の正当性が証明されるわけでもない。その意味で，こうした条件設定は労働価値論をめぐる論争が不思議な方向に捻じれた一例だと言える。

12) 前掲「経済学批判要綱　第一分冊」p.234，S.142.

ある具体的有用的労働と関連づけられている。「生産力は，もちろんつねに，有用的具体的労働の生産力であり，実際，ただ，与えられた時間内における合目的的生産的活動の作用度だけを規定する」[13] としている。すなわち，「生産力」は，労働がもっている歴史貫通的な自然的側面に対応している。

　これにたいして「生産関係」は「労働」の社会的側面に対応している。先に見たように，労働の社会的側面というのは，社会全体での協働と相互依存を表わしている。つまり，労働は常に一定の社会的な関係の中で営まれ，個別的な労働が社会全体の総体的労働の一分肢として位置づけられ，社会内の個々の労働は相互に補完し合い，相互に依存している。こうした労働の社会的な側面としての総労働の存在は，何らかの協業が行われている社会に共通しているとマルクスは考えている。

　ただし，こうした労働の社会的側面が実現されるためには，個別的労働を社会的労働へと結びつけるための「媒介はもちろん行われなければならない」[14]。この媒介の形態は，生産力の一定の発展段階に応じて，それぞれの歴史段階において異なった形態をとって現れる。では，市民社会（＝資本主義社会）において個人的労働を社会的労働に媒介する「形態」はどのようなものか。これが，紐帯概念として発展してきたマルクスの主要な関心事であった。「生産関係」という概念は，労働の社会性が実現される独自の形態を示す概念であり，この社会的側面の現れ方がそれぞれの社会を特徴づける。マルクスは『資本論』の冒頭において，資本主義社会における労働の社会的媒介形態をこの社会の特殊な「生産関係」として解明しようとしている。

　それゆえ，資本主義社会において，「**個々人の労働はどのようにして社会的労働へと媒介されるのか**」，というのが労働価値論の基本的な問題構成である。こうした労働価値論の意図を共有するならば，労働価値論の展開は不合理なものでもなければ，複雑なものでもない。むしろ，マルクス自身の叙述がそうであるように，極めてシンプルなものである。こうした問題の立て方をすれば，富が「商品の巨大な集まり」として存在する資本主義社会では，「媒介は，諸商品の交換，交換価値，貨幣――これらはすべて，一個同一の関係の表現である

13) カール・マルクス『資本論』（資本論翻訳委員会訳）新日本出版社，第一分冊，p.78, MEW Band 23, S.60.
14) 前掲「経済学批判要綱　第一分冊」p.160, S.102.

――によって行われる」[5]という「生産関係」が導き出されることになる。つまり，資本主義社会における労働の社会的媒介形態を「生産関係」として示すことに労働価値論の意図があることを理解するならば，労働生産物が全面的に商品となっている社会では，労働の対象化である商品の量的等値関係によって，労働もまた量的等置によって社会的に媒介されている，ということが日常的な経験から導き出される。

　こうした労働価値論の展開に必要なのは，「労働生産物の商品形態または商品の価値形態」[16]，すなわち「商品がブルジョア的生産においては富のかかる一般的，基素的な形態として見いだされる，という事実から出発する」[17]ことだけである。そこには，労働価値論を擁護するために考え出されてきた抽象的な商品交換関係も，複雑な想定を含む特殊な理論的な補強材も必要とされていない。資本主義社会における経験的な事実として，労働生産物が商品として量的に等置されて交換されているのだから，その「商品形態」に重ねることで，労働もまた量的な形態で等置されて社会的に媒介される，ということが論理的な帰結になる。少なくともマルクス自身はそれが自明のことだと確信していた。それゆえに，質的に同一な労働への還元は，「社会的生産過程で日々行われている抽象」であり，「すべての商品を労働時間に分解することは，すべての有機体を気体に分解することより大きな抽象ではないが，しかしまた同時にそれより非現実的な抽象ではない」[18]と彼は言うのである。

　要するに，マルクスの労働価値論は，労働の社会的側面が資本主義社会において表われる形態を，独自な「生産関係」として展開するための理論であって，個別的労働（と労働の生産物）が社会的な労働へと媒介される固有の形態を「価値」として描写するための理論である。労働価値論で展開される価値とは，資本主義社会における「社会的労働一般のひとつの特殊な存在様式」[19]，すなわ

15) 同上，p.160，S.103.

16) 前掲『資本論』p.8，S.12.

17) カール・マルクス「経済学批判（一八六一―一八六三年草稿）」，『マルクス　資本論草稿集④』p.55，MEGA BandⅡ／3.1，S.34.（以下，前章と同様に「1861－1863年草稿」と略記して，『資本論草稿集』の分冊番号とページ数を記す。

18) 以上，カール・マルクス「経済学批判　第一分冊」，『マルクス　資本論草稿③』p.217，MEGA BandⅡ/2，S.110.

19) 前掲「経済学批判　原初稿」p.128，S.58.

ち「社会的労働の形態としての価値」[20] を示している。（交換）価値の分析によって明らかにされるのは，「労働の社会的諸規定または社会的労働の諸規定」である。つまり，「ここで社会的というのは単純に社会的というのではなく，特殊なあり方において社会的なので」あり，「ある特有な種類の社会性である」。この「特有な種類の社会性」とは，「すべての労働が同種の労働に事実上還元されることによって，相互に関連しあうこと」[21] を意味している。つまり，「私的個人の特殊的労働が社会的効力をもつためにはその直接的対立物として，抽象的一般的労働として表わされなければならない」[22] ことが資本主義社会に独自な「生産関係」なのである。

　商品の考察においては，「ここで問題なのは，労働が社会的性格を受け取る際の特有な形態だけ」[23] であって，労働生産物が商品として量的に等置されて交換されるという事実から，労働もまた量的に等置されて社会的に媒介されているという「生産関係」を示すことである。それゆえ，マルクスの労働価値論は，労働（量）によって価値（量）を説明するための論理ではない。逆に，価値によって労働を説明する理論である。しかも，重ねられているのは量と量（価値量と労働量）ではなく，関係と関係，あるいは形態と形態である。つまり，労働価値論は，労働生産物の商品としての媒介形態（量的等値関係）に重ねることで，労働もまた「量という形態」に還元されて社会的に媒介されるという労働の媒介関係を示すための理論である。「この富の社会的形態である交換価値は，諸使用価値の中に含まれている対象化された労働の，一定の社会的形態以外のなにものでもない」[24] のである。

　こうした労働価値論の構造を図式的に表すと，以下の図3−1のようになる。

---

20) 前掲「1861−1863年草稿」，『マルクス　資本論草稿集⑨』p.603，MEGA Band Ⅱ／3.6，S.2291.

21) 以上，前掲「経済学批判　第一分冊」p.219，S.111.

22) 同上 p.271，S.1442.

23) 同上，p.220，S.112.

24) 前掲「1861-1863年草稿」，『マルクス　資本論草稿集④』pp.57-58，S.35.

図3-1. 労働価値論の構造

　この図は，商品に表される労働の二重性や，さらには労働過程と価値形成過程を表現する図としては一般的なものだと思われる。しかし，この図と『資本論』の商品論の一般的な理解との間にズレがあることはあまり認識されていない。労働価値論の意図を明確にするために，この図の意味を整理しながら，先に述べた「生産関係」としての労働価値論の意味をさらに詳しく考察していくことにしたい。

　第一に，この図では「労働」は論理展開の前提となっていることを確認しておく必要がある。先に労働価値論の基本的前提としてまとめたように，労働を中心として社会を考察することは，マルクスの方法論に根差した基本的な想定である。そのため，マルクスはもともと「なぜ労働を用いるのか」という問いを想定していなかったし，それに答えるつもりもなかった。ただし，現行の『資本論』では，「使用価値の捨象」という論理によって労働が導出されているため，労働を価値の実体として用いる理由をマルクスが「証明」しようとしているように見える。こうした叙述を冒頭に挿入した理由と，これが商品論の理解に複雑な影響を与えていることは次章で改めて考察する。

　マルクス労働価値論の歴史的な不幸は，ほぼ同時代に起こった限界革命によって「価値（格）論」の意味も，その証明方法も大きく変わってしまった点にある。価格の決定要因を解明することを目的とした価値（格）論にたいして，労働が価値考察の前提であると主張することは，証明すべき論証の放棄であるように見える。実際，これまで見たように，ベーム＝バヴェルクはその点を鋭く批判して，労働を用いることの正当性を「証明」するように求めている。そのため，後のマルクスの継承者たちは，価値の考察のためになぜ労働を使うのかという点を「証明」しようとさまざまな試みを展開することになった。ところが，そ

の証明に集中する過程で，労働を論の前提としていることの独自性とともに，そこから展開される労働価値論の本来の意図が見失われてしまった。『資本論』で展開される労働価値論の意味を理解するために重要な点は，冒頭のわずかな叙述からマルクスが労働を用いている理由を探し出すことではなく，労働を前提として用いる方法論の独自性と，そこからどのような論理を展開しているのかを確認することにある。

　それゆえ，第二に確認すべきは，マルクスの労働価値論にとって重要なのは，価値の内実として労働を示すことではなく，労働をその抽象量に還元することだという点である。現行の『資本論』では，労働を抽象的人間労働に還元する過程が，「使用価値の捨象」によって労働そのものを導出するプロセスと連続的に行われている。そのため，労働を抽象的人間的労働へと還元することに重要な意味があることが見失われがちになっている。この点についても第4章で改めて述べる。

　そして，これに関連してさらに確認すべき点は，労働の抽象的人間労働への還元が，商品の量的等値関係と重ねることによって行われていることである。この点について，マルクスは次のように言っている。「人間が彼らの労働生産物を価値として互いに関連させるのは，これらのものが彼らにとって一様な人間的労働の単なる外皮として通用するからではない。逆である。彼らは，彼らの種類を異にする生産物を交換において価値として互いに等置し合うことによって，彼らのさまざまに異なる労働を人間的労働として互いに等置するのである」[25]。つまり，商品が交換価値として量的に等値されているという事実から，労働の「量」が導き出されている。

　『資本論』では，「われわれは，諸商品の交換価値または交換関係から出発して，そこに隠されている諸商品の価値の足跡をさぐりあてた」[26]と述べられているように，冒頭の極めて短い叙述の中で，「交換価値」→「内実」→「抽象的人間的労働」→「価値」という順番に諸概念が展開されている。このことはあまり注目されないが，交換価値から抽象的人間労働が導出されて，その後に改めて「価値」の概念規定が行われている。つまり，商品の等値関係（交換価値）に対応させることで，労働の量（抽象的人間労働）を導き出して，そのあとでマルク

---

25) 前掲『資本論』p.126，S.88.
26) 同上，p.81，S.62.

110

スは「価値」の定義づけを行っている[27]。

　それゆえ，第三に確認すべきは，こうした労働の抽象的労働への還元は，労働そのものの社会的関係の独自な形態を示しているという点である。すでに述べたように，労働価値論では，労働が自然的関係と社会的関係の2側面を持つことが前提とされている。このうち労働の社会的側面を，（交換）価値という商品が持っている社会的形態，つまり労働生産物の量的な等値関係に重ねる形で，労働の特殊な社会的形態として労働量が導き出されている。先に述べたように，ここで重ねられているのは，関係と関係，形態と形態である。マルクスはここで「商品」という労働生産物の社会的な媒介形態に重ねることで，労働の社会的な関係——労働の社会性が表現される「形態」，つまり量という形態での労働の社会的「媒介関係」を明らかにしている。それゆえ，この労働量＝「抽象的人間的労働」は，個々の労働（とその生産物）が社会的性格を受け取る際の資本主義的形態——この社会に固有の形態——を表わしている。

　抽象的人間的労働をめぐっては，これが歴史貫通的な概念なのか，資本主義社会（あるいは商品交換社会）に特有な概念なのかをめぐって多様な論争が行われてきた[28]。どちらの解釈もマルクスの直接的な叙述から正当性の根拠を示しうるだけに，この論争には明確な決着がついていない。抽象的人間的労働をたんなる労働量として見れば，いわゆる「生理学的」[29]規定が与えられている通り，これがどの社会にも共通していることは言うまでもない。それだけにとどまらず，マルクスは社会的な次元で把握した「必要労働」もすべての社会に共通するとしている。単なる投下労働量にしても，社会的に必要とされる労働

---

27) 草稿段階を通じてマルクスの考察は，商品の量的等値関係である交換価値にもとづいて進められているが，最終的に交換価値から「価値」を分離して，これを商品の「内在的な」属性としている。これによって，労働の社会的な関係を表現する抽象的人間的労働を価値の実体として措定することで，その表現としての価値形態を展開するという論理の厳密さが強化されている。つまり，労働の社会的関係である価値を商品の内在的属性とすることで，商品自体から「諸商品の価値関係に含まれている価値表現の発展」（前掲『資本論』p.82, S.62.）として価値形態論を整合的に展開できるようになった。こうした経過については大澤健〔1997〕を参照。これが古典派の労働価値論との違いとして重要な意味を持つことは本章の後半で述べる。

28) これについては大澤健〔1993〕aを参照。

29) 前掲『資本論』p.79, S.61.

量にしても，いずれもどの社会にも共通して存在する規定であるのだから，この点を重視するならば，抽象的人間労働は歴史貫通的な概念だとされる。しかし他方で，抽象的人間的労働は価値という特殊歴史的な関係と結びついているのだから，これが資本主義社会（あるいは商品交換社会）に固有の概念と考えるべきだという主張も正当であるように思われる。

　こうした論争が生じるのは，抽象的人間的労働が，「労働量」そのものではなく，「量という形態」として意味を持っていることが看過されているからである。単なる労働量としてみるならば，「一商品に含まれている労働の量が，その商品の生産に社会的に必要な量であるということ，——したがってその労働時間が必要な労働時間であるということ——は，ただ価値の大きさだけにかかわる規定である」[30]にすぎない。抽象的人間的労働は，単なる支出された労働時間でもなければ，すべての社会の再生産の基礎になっている労働量（の社会的配分）を指す概念でもない。労働価値論において重要なのは，「労働量」が労働の社会的関係，あるいは社会的形態を意味していることにある。つまり，「抽象的人間的労働」は，労働の関係を表す概念であり，「量という形態」での労働相互の媒介関係を示している。労働が「抽象的な一般的労働として，またこの形態で社会的労働として，現われなければならない」ことに，「資本主義的生産」[31]の独自性がある。

　従来の抽象的人間的労働をめぐる論争では，労働量が社会的に媒介されなければならないという歴史貫通的な想定と，労働が量（の等値）によって社会的に媒介されているという資本主義に固有の生産関係が混同されている。前章で考察した通り，労働量が社会的に媒介されなければならないことはどの社会にも共通するマルクスの基本的な想定である。しかし，労働が量（の等値）によって媒介されることは，これとはまったく異なった別のことである。抽象的人間的労働が資本主義に固有の概念なのは，「量（的等値）」が資本主義社会における労働の媒介の形態を示しているからである。「それら（すべての商品——引用者）は，社会的形態での対象化された労働であって，この形態をもって，あらゆる現実的労働と交換されうるのであり，つまり，あらゆる形態の現実的労

---

30) 前掲「1861-1863年草稿」，『マルクス　資本論草稿集⑦』p.199，MEGA Band Ⅱ／3.4，S.1322.
31) 以上，同上，『マルクス　資本論草稿集⑥』p.741，MEGA Band Ⅱ／3.3，S.1150

働に転換されうる」³²⁾ことを示しているのが抽象的人間的労働である。

　資本主義社会に固有の労働の媒介関係を「生産関係」として展開するという労働価値論の意図は，『資本論』では第一章商品の最後の部分，「第四節　商品の物神的性格とその秘密」でまとめて論じられている。ここでマルクスは，「商品の神秘的性格」は商品の使用価値から生じないだけではなく，価値規定の内容からも生じないとしている。労働が量であることは「生理学的真理」であるとともに，社会全体として見た労働についても，いつの時代であってもそうした「労働時間に関心をもたざるをえなかった」としている。これは，前章で考察した労働価値論の「基本的前提」であって，協働が行われる社会に共通する事態である。ただし，そうした社会的労働は「何らかの様式で」「社会的形態を受け取る」³³⁾ことになる。マルクスはその点を神秘的性格として解明しようとしている。彼は，「労働生産物が商品形態となるやいなや生じる労働生産物の謎的性格は，どこから来るのか？」と問うて，「この形態そのものからである」と述べている。すなわち，「商品形態は，人間にたいして，人間自身の<u>労働の社会的性格</u>を労働生産物そのものの対象的性格として……（中略——引用者）……反映させ，それゆえまた，<u>総労働にたいする生産者たちの社会的関係</u>をも，彼らの外部に実存する諸対象の社会的関係として反映させる」。このことが，「商品形態の神秘性」³⁴⁾であるとしている。

　ここで論じられている「労働の社会的性格」や「総労働にたいする生産者の社会的関係」は，「社会の本質」としての労働の規定から労働価値論の前提となっている想定である。これが，商品の価値という形態をとって表現されること，つまり「彼らは，彼らの種類を異にする生産物を交換において価値として互いに等値し合うことによって，彼らのさまざまに異なる労働を人間的労働として互いに等置する」³⁵⁾ことが，資本主義社会に独自な労働の社会的媒介形態であり，「商品を生産する労働に固有な社会的性格」³⁶⁾である。「商品生産者たちの一般的社会的<u>生産関係</u>は，彼らの生産物を商品として，したがってまた価値として取り扱い，この物的形態において彼らの私的諸労働を<u>同等な人間的労働として互</u>

32) 同上，p.190，S.790.
33) 以上，前掲『資本論』pp.122-123，S.85-86.
34) 以上，同上 p.123，S.86.
35) 同上 p.126，S.88.
36) 同上 p.124，S.87.

いに関連させることにある」[37] という言葉に，これまで述べてきた「生産関係」としての労働価値論の意味が明確に示されている。

　そして，マルクスにとっては労働が社会の本質だからこそ，労働が社会的に媒介される形態こそが資本主義社会を基礎づけるもっとも原初的で，基底的な「生産関係」となる。こうした論理によって，社会的労働を媒介するための特殊な形態である価値（および貨幣）が資本主義社会の端緒となる「生産関係」として位置づけられる。このことは本章の第 4 節で改めて論じることにする。

第 3 節　労働価値論のいくつかの争点について

　これまでの考察から，労働価値論の意図は労働の社会的媒介関係を「生産関係」として明らかにすることにあり，商品の等値を通じて労働もまた相互に量的に等置されて媒介されるという資本主義社会に特殊な「生産関係」を描写することにある，ということを述べてきた。こうした労働価値論の意図をさらに明確にするために，この理論をめぐるいくつかの論争に言及することが有益かもしれない。すでに単純商品生産，あるいは単純商品をめぐる論争と，抽象的人間的労働をめぐる論争については言及してきた。ここではさらに，古典派の労働価値論とマルクスのそれとの違い，および単純・複雑労働の還元の問題を取り上げて考察しておきたい。

　まず，古典派の労働価値論との違いはマルクス労働価値論の独自性にかかわる議論として，しばしば論争の対象になってきた。両者の決定的な違いは，労働価値論の目的，つまりこの理論によって何を解明しようとしているのかという点にある。マルクスは，リカードウの場合，「彼の念頭にあるのは，ただ，交換価値の量的規定だけで」[38] あるとしている。リカードウにとって「はじめからただ価値の大きさだけが問題なのであ」り，「商品の価値の大きさはその生産に必要な労働量に比例するということだけが問題なの」[39] であるとしている。

　それゆえ，リカードウの労働価値論では「質的規定は忘れられている」[40] と

37) 同上 p.134，S.93.
38) 前掲「1861-1863年草稿」，『マルクス　資本論草稿集⑥』p.708，S.1126.
39) 以上，同上 p.232，S.816.
40) 同上，p.708，S.1126.

マルクスは述べている。彼が自身の労働価値論と古典派との理論的違いを示すために繰り返し言及する「質的規定」とは，これまで述べてきたように，労働が量という形態において社会的関係をとりむすぶという「労働の社会的媒介形態」を意味している。つまり，労働価値論の「質的規定」とは，「個人的労働はただ譲渡をとおしてのみ抽象的な一般的な社会的労働として自分を表わさなければならない」[41]，あるいは，個々の労働が「抽象的な一般的労働として，またこの形態で社会的労働として，現われなければならない」[42] という資本主義社会に固有の労働媒介の様式のことである。リカードウにあっては，「媒介の形態については彼は一度たりとも論究したことはない」[43] のにたいして，こうした労働の媒介形態を解明したことが古典派に対する自らの優位性であるとマルクスは繰り返し述べている。「諸商品としての諸生産物の交換は，労働を交換し，各人の労働が他人の労働によって定まる一定の方法，社会的な労働または社会的生産の一定の様式である」[44] こと，つまり，労働の社会的性格を媒介する「形態」として，労働量自体を「一定の方法」「一定の様式」として質的にとらえることにマルクスの労働価値論の独自性がある。

　従来の解釈の多くでは，マルクスが自らの労働価値論の優位性として言及している「形態」については，リカードウには価値形態論がないことを指していると理解されてきた。これ自体は正しい。ただし，本当の問題は，価値形態論の展開を可能にするような，価値実体としての抽象的人間的労働の概念規定である。価値の実体が単なる労働量だとすると，価値形態論は展開の動力を持つことができない。価値の内実としての「労働量」自体が，労働の関係を示す概念であることによって価値形態論の展開は可能になる。「抽象的人間労働」は，個別的労働が社会的労働に転化する際にとる独自の形態であり，後に述べるように，労働の一元的で全面的な社会的媒介形態として労働の普遍的で一般的な関係を示す概念である。それゆえ，商品という個別的な特定の使用価値に内包された抽象的人間的労働が，その一般的社会的性格を表現する過程として，単純な価値形態から貨幣形態への展開が推進される。特に，価値形態論の要にな

---

41) 同上。

42) 同上，p.741, S.1150.

43) 前掲「経済学批判要綱　第一分冊」p.401, S.243.

44) 以上，前掲「1861-1863年草稿」，『マルクス　資本論草稿集⑦』pp.191-192, S.1317.

っている第三形態は，「一般的価値形態は，商品世界の内部では<u>労働の一般的人間的性格が労働の独自の社会的性格をなしている</u>ということを明らかにしている」[45) という論理によって導かれている。それゆえ，労働の普遍的な社会的関係を表現する抽象的人間的労働を価値の実体とすることで，価値はその普遍的で一般的な姿である貨幣へと自己展開する動力を持つことになる。

　このように，リカードウが「価値をその形態 —— 価値の実体としての労働が取るところの特定の形態 —— に関して研究することをまったくやらない」[46)，あるいは「この労働の姿態 —— 交換価値をつくりだすものとしての，または交換価値で表されるものとしての，労働の特殊な規定 —— を，この労働の性格を研究していない」[47) からこそ，価値形態論を展開できなかったとマルクスは考えている。古典派と異なったマルクスの労働価値論の独自性は，労働の社会性が「量という形態」によって実現されることを明らかにすることであって，こうした「労働の関係」を価値の本質と捉える点にある。これによって価値形態論，さらに言えば資本の展開が可能になっている。

　次に，労働価値論理解においてしばしば問題となる単純労働と複雑労働の還元について考察する。『資本論』において「より複雑な労働は，単純労働の何乗かされたもの，またはむしろ何倍かされたものとしてのみ通用し，そのために，より小さい分量の複雑労働がより大きい分量の単純労働に等しいことになる」[48) とされている。この単純労働と複雑労働の等値は「還元問題」[49) としてしばしば論争の対象になってきた。労働量による価値の計測を行うためには，複雑さの違った労働を共通の労働時間に還元するプロセスがどのようなものか，あるいは，そもそもこのような還元が可能かどうかを議論する必要があると考えられてきた。

　しかし，マルクス自身はこの問題を重要視する姿勢をまったく見せていない。むしろ，「この還元が絶えず行われていることは，経験が示している」[50) という

---

45) 前掲『資本論』p.115，S.81.この叙述で重要なのは，価値形態論の展開動力が「労働の」性格規定にあるという点である。

46) 前掲「1861-1863年草稿」，『マルクス　資本論草稿集⑥』p.244，S.822-825.

47) 同上，p.232，S.816.

48) 前掲『資本論』p.75，S.59.

49) この問題に触れたものとして，デヴィッド・ハーヴェイ〔2011〕p.58.

50) 同上，p.76，S.59.

116

言葉で片づけてしまっている。草稿段階でも，「この還元が，あらゆる種類の労働生産物が価値として措定されることで，事実上，成し遂げられている」[51] としている。

　この問題についてのマルクスの素っ気ない取り扱い方が正しいのかどうかはさしあたり問題ではない。問題は，こうした還元が「経験」的な事実によって説明されるとマルクスが認識していることである。というのも，こうした認識をもたらしている論の構造から，彼の労働価値論の意図を改めて確認することができるからである。

　これまで述べてきたように，商品の交換価値＝等値関係に重ねる形で，資本主義社会における労働の等値関係を明らかにすることにマルクスの労働価値論の意図がある。こうした論理展開からすれば，商品が価値として等置されているという経験的事実こそが，複雑さの異なった労働が等しい量に還元されてやりとりされている最大の証左になる。つまり，商品が等しいものとして交換されていることは「経験」によって明らかなのだから，労働もまた複雑・単純にかかわらず等しい量として等置されていることは明らだ，というのがマルクスの認識である。実際，『経済学批判　第一分冊』では，より率直に「この還元が行われていることは明らかである」のは，「交換価値としては，もっとも複雑な労働の生産物も，一定の比率で単純な平均労働の生産物に対する等価物であり，それゆえこの単純労働の一定量に等置されているからである」[52] としている。

　こうした叙述に見られるように，マルクスの立論の構造からすれば，生産物が商品として等置されているという経験的事実が，異なった労働が等置されていることの何よりの証拠である。それゆえ，こうした単純・複雑労働の扱い方には，商品の等値関係と重ねることによって労働の量的等値関係を（労働の社会的関係として）示すというマルクス労働価値論の意図が表れている。逆に，彼の理論的な意図を共有しなければ，商品が等値されているという経験的な事実は，異なった労働が等量に還元されている証拠にならないことは，この論争自体が示している。それゆえ，こうした認識からも，労働の社会的関係を明らかにしようとしているマルクスにとっては，労働生産物（商品）の量的等値関

51) カール・マルクス「経済学批判要綱　第二分冊」，『マルクス　資本論草稿集②』 p.742，MEGA BandⅡ／1.2，S.710.
52) 前掲「経済学批判　第一分冊」，p.218，S.111.

係が，労働の量的等値関係を意味していることがわかる。

第4節 「生産関係」としての価値の端緒範疇としての意味

　マルクスの労働価値論は一般的な価値論（さらに言えば，一般的な経済学）とは全く異なった方法論を用いて，全く異なった論理的意図をもって展開されている。彼は，唯物論的弁証法という方法によって社会の本質を労働に求め，その労働がどのようにして社会的に媒介されているのかを「生産関係」として示すために労働価値論を用いている。マルクスが労働価値論に与えた独自の意味は，彼が明らかにしようとした独自の「目的」に規定されている。それは，資本主義社会を人類の歴史の中に位置づけ，そうした文脈においてこの社会の構造を解明することである。

　彼のこうした目的は以下のような叙述に端的に表れている。

　「生産の自然法則！ここで問題になっているのは，もちろん，ブルジョア的生産の自然諸法則である。つまり，一定の歴史的段階のうえで，また特定の歴史的諸条件のもとで生産が行われるのは，こうした自然諸法則の内部においてなのである。もしそのような法則がなかったとすれば，そもそもブルジョア的生産のシステムは理解できないものであろう。問題はもちろん，この特定の生産様式の自然〔本性〕を，つまりそれの自然諸法則を叙述することである。しかし，この生産様式自身が歴史的であるように，それの自然〔本性〕およびこの自然〔本性〕の諸法則も歴史的である」[53]。

　彼は，この「問題」にこたえるために史的唯物論という独自の社会把握の方法をつくり出したのであって，それを経済理論として具体化したものが労働価値論である。

　資本主義社会を歴史的な文脈に位置づけることがマルクスの目的であることは，ある意味では，マルクス経済学の内部で共有されている共通認識だと言える。社会主義者であるマルクスは，資本主義社会を人類にとっての最終段階とは考えなかったし，未来永劫続く社会だとも考えなかった。それゆえ，人類の歴史的一時代として現れる資本主義社会の発生，発展，崩壊の必然性を解明したこ

---

53) 前掲「1861-1863年草稿」，『マルクス　資本論草稿集⑨』p.584，S.2269.

とによって，彼は社会主義を空想から科学へと発展させたことになっている。

　しかし，こうした歴史的文脈で社会を把握する方法が，資本主義社会の内部構造を解明するための理論に，どのように反映されているのかは必ずしも明らかになっていない。マルクスが示した諸命題をなぞることによって資本主義は歴史的に一時的な存在にすぎないと述べたり，『資本論』の内部に歴史的な叙述を読みとったりすることは行われてきたが，それをどのような理論によって解明しているかについては明確にされてこなかった。

　資本主義社会の必然性とその構造を人類の歴史的な文脈において解明するという目的は，彼が批判的に摂取した古典派経済学はもとより，現在の主流となっている経済学においてもほとんど問題とされない独自の課題である。こうした問題意識をもって資本主義社会を考察しようとしたこと自体が通常の経済学とは異なったマルクスの独自性である。彼はドイツ哲学の伝統からこうした課題を継承した。ただ，理論の目的がここまで大がかりになってしまうと，経済学が対処すべき課題だとは考えられないし，どこから手を付けるべきかさえ不明にならざるをえない。

　しかし，ドイツ哲学の伝統の中には，歴史の法則を叙述するという課題に対して一定の解答を与えた先行者たちが存在していた。ドイツ哲学がすでに与えてくれた雛型は，まず人類史上のすべての諸社会に貫通する「本質」を設定したうえで，その「本質」の変化と発展として歴史を叙述する方法だった。第1章で考察した通り，「人間の本質」についての認識が，マルクスの方法論が形成されていく過程の中心に位置づけられている。彼はドイツの先人たちとは違った「本質」を想定することで，唯物史観という自らの社会把握の方法を確立し，資本主義社会を歴史の中で解明するための方法を手に入れることができた。そして，その土台の上に資本主義社会を分析するための具体的な理論を構築していくことになった。それだけに，こうした経済理論の組み立て方や，それの証明・検証のプロセスも一般的な経済学が「科学的」とみなすものとは全く違ったものになっている。

　これまでの考察で，マルクスの労働価値論が唯物史観にもとづいていることを明らかにしてきたのは，この理論の本当の意味が，唯物史観によって解明しようとした「目的」に規定されていることを示すためである。唯物史観の目的は，資本主義的生産様式の歴史的必然性とその独自の性格を総体的に解明することにある。こうした目的を置く場合，つまり「ある社会的生産様式の独自の性格

を理解することが問題である場合には，まさにこれらの諸形態（「交換の諸形態」
——引用者）のみが重要なのである」[54]。

　それゆえ，資本主義的生産様式という独自の「生産関係」の全体を解明する
ための基礎となり，出発点となる端緒的「生産関係」を明らかにすることが労
働価値論の課題である。「労働生産物の価値形態は，ブルジョア的生産様式のも
っとも抽象的な，しかしまたもっとも一般的な形態であり，ブルジョア的生産
様式はこの形態によって<u>一つの特殊な種類の社会的生産</u>として，それゆえまた
<u>同時に歴史的なものとして性格づけられている</u>」[55]とマルクスが述べているよう
に，資本主義社会を「一つの特殊な種類の社会的生産」であるとともに，「同時
に歴史的なもの」として説明するために，その端緒となる生産関係が「価値形態」
であることを措定する理論が労働価値論である。

　第2章で考察してきた通り，マルクスは人類の歴史の中に現れてきた諸社会
を歴史貫通的に把握するために「労働」を用いている。これがあらゆる社会に
共通している「社会の本質」として彼の歴史認識の出発点に置かれている。そ
して，本章の考察で明らかにしたように，その労働の二側面である自然的関係
と社会的関係を，商品の二要因である使用価値と価値に重ねることで，資本主
義社会における生産力と「生産関係」のあり方が描写されている。こうしたロ
ジックによって社会の本質としての労働が，資本主義社会内で媒介される際の
特殊な形態，あるいは労働の社会的性格が表わされる特有の形態を資本主義的
生産の端緒的「生産関係」として明らかにしているのが労働価値論である。そ
の意味で，**『資本論』冒頭で展開されるこの理論は，「労働」にもとづく歴史的
な社会把握の方法を，「価値」という資本主義分析の理論に変換するための理論
なのである。**

　それゆえ，彼が労働価値論を使って資本主義社会を解明することの意味は，
剰余価値を労働の搾取として説明するという狭い意味にとどまるものではない。
社会にとっての労働の根源性を想定することで，資本主義社会における労働の
社会的媒介関係である「価値」関係を基底的で端緒的な「生産関係」として措
定する点に，労働を用いて価値を考察することの意味がある。労働が社会の本

54）前掲「1861 - 1863年草稿」，『マルクス　資本論草稿集⑤』pp.455～ 456,
　　MEGA BandⅡ／3.2, S.613.
55）前掲『資本論』p.138, S.96.

質だとすれば，労働媒介関係がその社会を特徴づけるもっとも根源的な関係であり，社会的関係の総体が全面的に商品の価値形態によって担われていることが労働価値論によって示さる。それによって資本主義的生産の全体構造を価値関係の弁証法的展開として解明することが可能になる。

　「価値」が資本主義的生産様式の解明にとっての端緒的な生産関係であることの具体的な意味は，この社会における価値関係の「全面的一元性」，「物象性」，「強制性」にある。これらについて，順番に考察していく。

　まず，「全面的一元性」についてである。第２章で考察したように，価値の実体としての労働は一般的・社会的労働を意味している。そこでは社会内での諸労働の総体的な協働と，それらの全面的な相互依存が想定されている。マルクスは，資本主義社会においては，この「相互依存性は，交換のたえることのない必然性において，そして全面的媒介者としての交換価値において表現される」[56]としている。つまり，労働価値論の展開における「交換価値は，……（中略——引用者）……，すべての生産物の実体としての社会的労働を想定している」のだから，「交換価値として措定された生産物は関係として措定されており，しかもこの関係は一般的なものであって，ある一商品に対する関係なのではなく，すべての商品，ありとあらゆる生産物にたいする関係なのである」[57]。

　こうしたマルクスの叙述からは，価値の実体として「社会的必要労働」を用いていることには，社会内での労働の全面的相互依存関係とともに，資本主義社会における労働が，全面的・一元的に商品交換関係＝価値関係によって媒介されることが示されている。労働が社会的関係の本質なのだから，資本主義社会における労働の媒介関係が全面的に「価値関係」に一元化されているということは，人間相互の社会的関係がすべて価値関係に一元化されていることを意味している。つまり，資本主義社会においては，これ以外の社会的な関係は想定されない。

　そして，こうした社会的関係における価値関係の全面的な支配は，社会的関係が商品という「物象」によって全面的に担われることを意味している。「交換価値においては，人格と人格との社会的関連は，物象と物象との一つの社会的

---

56) 前掲「経済学批判要綱　第一分冊」p.135，S.89.

57) 以上，同上，p.218，S.133-134.

関係行為に転化しており，人格的な力能は物象的な力能に転化している」[58]。あるいは，「交換価値を生みだす労働を特徴づけるものは，人格と人格との社会的関連が，いわば転倒させられて表わされること，つまり物象と物象との社会的関係として表わされる」[59] ことが資本主義社会における社会的関係の根源的な特徴である。労働価値論の前提となっている社会内での諸労働の全面的な相互依存は，商品という物象への諸個人の全面的な依存として表われる。つまり，社会の本質である労働の媒介が商品という物象の交換によって全面的に担われるのだから，資本主義社会では「このような客体的な媒介を抜きにしては，諸個人は互いにどのような関連もとり結ぶことがない」[60] のである。

　社会的関係の全面的な物象への依存は，『資本論』においては「商品の物神性」として叙述される。この物神性は，「秘密」という言葉とともに何か謎めいた商品の属性のように理解されることもある。しかし，物神性は，労働を本質として社会的な関係を理解するというマルクスの基本的な前提を共有するならば，あまり謎めいたところはない。資本主義社会における社会的な関係が商品や貨幣という物象によって全面的に担われていること，それゆえ物象に依存することなく他者の労働との関係を取り結べないことは，われわれにとっては日常的な経験である（もちろん人格的依存関係による一部の例外は存在するが）。「社会的生産関係が対象の形態をとり，その結果，労働における人格と人格との関係がむしろ，諸物が相互に関係しあい，また諸人格に対しても関係していく関係として表されること」は，「ありふれたこと，自明のこと」[61] だとマルクス自身も考えている。

　先に引用したように，「商品形態は，人間にたいして，人間自身の労働の社会的性格を労働生産物そのものの対象的性格として，これらの物の社会的自然属性として反映させ，それゆえまた，総労働にたいする生産者たちの社会的関係をも，彼らの外部に実存する諸対象の社会的関係として反映させる」という「"入れ替わり"」[62] に商品の物神性の秘密がある。これは，資本主義社会においては，「労働の社会的性格」が商品の交換によって担われることを意味している。マル

---

58) 同上，p.137，S.90.

59) 前掲「経済学批判　第一分冊」p.221，S.113.

60) 前掲「経済学批判　原初稿」p.120，S.53.

61) 以上，前掲「経済学批判　第一分冊」pp.221-222，S.114.

62) 以上，前掲『資本論』p.123，S.86.

クスは労働価値論を用いることで，社会の本質である労働（をめぐる人間相互の関係）が価値という商品の属性に「入れ替わり」，資本主義社会では価値関係という物象相互の社会的関係が全面的に支配することを明らかにしている。 マルクスが労働価値論によって示した資本主義社会の特徴——あるいは，われわれが日常の生活の中で日々認識しながらある種の希望をもって否定し続けている事実——は，私たちの経済社会は物象＝モノを中心として営まれていて，人間を中心に回っていないという事実である。

それゆえ，労働価値論によって描かれるマルクスの「市場」の姿は，自由と平等が支配する楽園ではなく，全面的に物象への依存を「強制」される世界である。こうした「強制性」による市場の捉え方は，市場経済を「自由主義社会」とする社会観と大きな対照をなしている。彼は，こうした労働媒介関係は「彼ら（交換の諸主体——引用者）の意思から独立」[63]した諸関係として存在していて，「諸個人は，一つの宿命として彼らの外部に存在する社会的生産の下に従属」[64]していることを強調している。つまり，「交換価値が生産体制全体の客観的基礎であるという前提は，そもそもはじめから個人に対する強制を内に含んでいる」のであって，「その前提は，個人の意思から生じるものでも，彼の直接的本性から生じるものでもない」[65]。それゆえ，「諸個人は独立して（……中略——引用者……），自由に相互に出あい，こうした自由のなかで交換しあっているかのように見える」のは，「諸個人によっては統御できないような」，「諸個人がたがいに接触しあうばあいの存在諸条件」を「捨象している」[66]からにすぎない。市場経済，さらには資本主義社会を考察する場合には，「出発点が自由な社会的個人でない」[67]のであって，「個人は交換価値を生産するものとしてかろうじて生存する」[68]ことを強制される。このことが，労働価値論によって示される資本主義社会のもうひとつの根源的な特徴である。

これまで述べてきたように，社会的関係が全面的・一元的に価値関係によっ

63) 前掲「経済学批判　原初稿」p.153，S.70.
64) 前掲「経済学批判要綱　第一分冊」p.139，S.91.
65) 以上，同上，pp.285-286，S.171.
66) 以上，同上，p.147，S.96.
67) 同上，p.206，S.126.
68) 同上，p.285，S.171.

て支配されること，それゆえ，人間相互の関係が全面的に商品という物象相互の関係に依存すること，そして，それが個人からは独立した社会的諸関係として強制されること，これらが資本主義社会の最も基底的で端緒的な社会的関係であることが労働価値論によって明らかにされる。マルクスは，社会の本質である労働の媒介が価値関係によって行われるという論理から，こうした資本主義社会の基底的で端緒的な生産関係を措定している。つまり，**『量の支配』**と**『物の支配』が全面化して，諸個人に強制されるという資本主義社会の根源的な特徴が労働価値論によって明らかにされる。**

　マルクスが労働価値論によって生産関係としての価値関係を描き出す理由は，資本主義的生産様式の必然性を証明するためである。彼の経済学体系では，その原基的「形態」としての価値関係以外の経済的関係は想定されていない。つまり，資本主義社会では価値関係以外の社会的関係は存在しない，ということがすべての出発である。こうしたマルクスの端緒的想定は軽視されがちであるが，彼の体系展開において厳密に適用されている。それゆえ，資本主義社会のすべての経済的カテゴリーは，すべてこの価値関係の転化したものとして説明される。労働価値論によって価値関係の全面的一元性，物象性，強制性を示すことで，価値関係が資本主義社会全体の普遍的本質であることが示される。これを端緒的生産関係とすることで，貨幣，さらには資本，さらには資本主義的生産関係の全体が演繹的に「証明」される。

　その証明の仕方も独特なもので，資本主義的生産関係をはじめとするさまざまな経済学的カテゴリーは，体系的端緒として想定された価値という「生産関係」の弁証法的発展として解明される。例えば，「資本」は生産というアンチテーゼを包摂することによって，価値関係が自立した循環へと発展した姿として導き出される。マルクスの経済学では，端緒的関係としての価値関係から，関係が関係から，形態が形態から導きだされる形で，資本主義社会の全体が体系的に叙述されていく。それによって，資本主義的生産関係の全体は，端緒的生産関係である価値関係が姿を変えたものとして，その必然性と，その全体構造が解明される。

　こうした資本主義を体系的に把握する理論構造の端緒となる生産関係が「価値関係」であることを明らかにしているのが，労働価値論である。その意味で，マルクスの経済学体系は，労働価値論なしには成り立たないのである。マルクスが言うように，この「物的な外被の下に隠された関係」として，「人格相互の

124

生産活動に対する彼らの関係」[69]を見出すことは，商品の場合にはまだそれほど難しくない。少なくとも商品形態では，神秘化の程度は貨幣や資本よりまだ単純である。全面的な『量の支配』と『物の支配』という価値関係の本領は，それが資本へと転化することで，価値の自己増殖がこの社会の唯一の目的となることで発揮される。そこでは価値自体が自己目的化して，人間不在の下で貨幣の量的拡大のために生産の拡大が繰り返される。こうした資本主義的生産が持っている奇妙な性格は，価値の背後に労働の関係を見出すという意図を共有することで（ほとんどの経済学は共有しないのだが）明らかにされる。ただし，こうしたマルクスの経済学体系の展開方法の全体的なあり方を詳細に考察することは，本書の課題を越えている。労働価値論は，価値関係が資本主義的生産様式を解明するために置かれた端緒的で，基底的な「生産関係」であることを示す理論であることを解明することまでが本書の課題である。

69) 以上，前掲「経済学批判　第一分冊」pp.221-222，S.113-114.

第4章 『資本論』冒頭の二重の「捨象」について

第1節 問題の所在

　本書のこれまでの考察から，マルクスの労働価値論は，労働の媒介関係を資本主義社会の端緒的な「生産関係」として示すための理論であることを明らかにしてきた。彼が価値の考察に労働を用いる理由は，こうした目的と方法論に規定されている。自らが構築した方法論への深い確信によって社会を考察しようとしているマルクスにとって，社会を考察するにあたって労働を中心に据えることは「子どもでもわかる」自明のことであった。それゆえ，もともと「なぜ労働を用いるのか？」という問いに答える必要があると考えていなかった。あるいは，その点を問われたとしても，それを簡単に説明することは容易ではなかったとも言える。自らが解明しようとしている課題や，そのための方法論をかなり詳しく述べなければ，その理由を十分に示すことができないからである。

　それにもかかわらず，われわれは労働価値論について議論する際に，「なぜ価値（量）の背後に労働（量）を見出すのか」，あるいは「どのような方法によって，価値量が労働量によって規定されることの根拠を示しているのか」という問題を中心な争点としてきた。また，それを明らかにすることが労働価値論の「証明」であると考えている。ここでは，こうした問いの立て方を便宜的に「実体探し」的問題構成と呼ぶことにする。つまり，数ある候補者の中から価値の実体を労働（量）とする理由，あるいは（交換）価値の考察に労働を用いることの正当な根拠を示すことが労働価値論において問われるべき第一の問題であると考える捉え方である。この「実体探し」をマルクスはしているはずだ，あるいはしなければならないと考えることが，労働価値論の論争の出発点になっている。

　こうした「実体探し」，あるいは労働の正当性の「証明」が労働価値論を議論する際の中心的な論点になるのには正当な理由がある。現行版の『資本論』冒頭でのマルクス自身の叙述が，こうした課題に答えようとしているからであ

る。『資本論』冒頭で商品の考察から始めると宣言したマルクスは，使用価値について言及した後に，交換価値の考察に取りかかる。そして，交換価値の中に「内実」，「共通物」が存在することを強調したうえで，「使用価値の捨象」という論拠を用いて，その共通の実体が「労働生産物という属性」[1]であることを明らかにしている。形式的なロジックによる冒頭の「証明」だけで十分な説得力をもっていると考える人はほとんどいないと思われるが，「実体探し」のための論理が冒頭で展開されていて，価値の実体が労働であることを示そうとしていることは疑いないように思われる。それゆえ，これに引きずられる形で，労働価値論の批判者も擁護者も，この点を中心にして労働価値論を議論することになった。

　しかし，本書のこれまでの考察は，労働価値論を議論する際のこうした問題構成それ自体を問い直す必要があることを示している。労働価値論にとって労働は前提であって，労働を用いる理由はマルクスの方法論である唯物史観にある。それにもかかわらず，マルクスは『資本論』の冒頭での形式論理的な叙述によって，価値の実体を労働とする理由を説明しているように見える。なぜ，こうしたことが生じたのだろうか。以下の考察の主眼は，彼の一連の著作を比較検討することによって，『資本論』の冒頭部分の叙述の意図，つまり，この部分の叙述が何を解明するために展開されているのかを改めて検証することにある。より率直に言えば，マルクスは「実体探し」をするつもりがなかったことを以下の考察で示そうとしている。

　『資本論』の冒頭の叙述を再考するにあたって，注目すべきタームは「使用価値の捨象」である。これは，価値の実体として労働を導き出すための「論拠」として重要な役割を演じている。ところが，注意深く見ると，「使用価値の捨象」はもうひとつの，全く別の役割を担っていることが分かる。交換価値に「共通」するものが「労働生産物という属性」であることを示した後に，「労働生産物の使用価値を捨象するならば」として，労働の有用的性格を捨象して「抽象的人間的労働」[2]が登場している。つまり，「使用価値の捨象」は，労働（生産物という属性）の導出と，抽象的人間的労働の導出という異なった課題にたいして

1）以上，カール・マルクス『資本論』第一部，pp.63-64，S.51-52.
2）以上，前掲『資本論』pp.64～65，S.52.

二度使われている。この二重の「捨象」はあまりにさりげなく一続きの叙述として展開されているために、両者の間に何か重要な違いがあるようには見えない。あるいは、多少の差異を認めたとしても、そこに何らかの問題があるとは考えられない。

　しかし、この二つの「捨象」には決定的な違いがあり、それが重要な問題を提起している。

　第一の問題は、「二重の捨象」というロジックは、実体探しの「証明」として十分な説得力を持っていないことである。この点を、ベーム＝バヴェルクは的確に批判している。ただし、ベーム＝バヴェルクはマルクスの理論的な立場が自分のそれと違うという理由で論難しているのではなく、マルクス自身の論理展開に欠陥があることを見出している。つまり、二重の「捨象」にはマルクスのロジックとしての内的な不整合が見られるのである。

　それだけではない。第二の問題は、現行『資本論』に至るまでの諸著作の変遷を見ると、二つの「捨象」の使い方は大きく変化していて、定まった叙述になっていないことである。現行の『資本論』は第４版を底本としているが、二重の「捨象」を含む冒頭部分の叙述がほぼ現在のような形になったのは『資本論』第二版の段階である。それにたいして、『資本論』の初版の叙述は、その後の版とは大きく違っている。さらには、『資本論』の先行的な著作にあたる『経済学批判　第一分冊』（以下、『批判』と略記）まで遡ると、この内容も初版とは全く別物である。つまり、『批判』→『資本論』初版→『資本論』第二版と、この「二重の捨象」を中心にした部分が大きく書き換えられている。

　そこで、以下の考察では、まず二重の捨象にはマルクス自身の論理的整合性が問われるような問題が含まれていることをベーム＝バヴェルクの批判から確認する。そして、『批判』から『資本論』に至る諸著作の冒頭部分の叙述の変遷を追うことで、こうした不整合が発生した理由を考察する。後に述べるように、その理由はマルクスの叙述の意図が途中で変わっていることにある。彼はもともと「実体探し」をするつもりも、労働を用いる理由を説明するつもりもなかった。ところが、「なぜ価値の実体が労働なのか？」という問いが後から入ってきて、それに答えようと叙述を変更している。こうした変更をした理由も、マルクスが残した草稿によってかなり明確に推定することができる。ところが、本来答えるつもりがなかった問題に、あるいは容易には答えられない問題に、可能な限り簡潔で説得力のある理由を述べようとして、うまく答えられなかっ

た様子を読み取ることができる。

　以下の考察の目的は，こうした経過を確認することによって，マルクスの誤りを指摘することではない。逆に，マルクスが労働価値論に込めた本来の論理的意図が「実体探し」ではないということを明らかにするとともに，こうした叙述の変化と，その結果生じた不整合から，前章までで明らかにしてきた労働価値論の本来の意味を再確認することにある。

第2節　二重の「捨象」に潜む問題点

　そこで最初に，二重の「捨象」に含まれる論理的な問題を明らかにするために，現行版『資本論』の冒頭部分の叙述を改めて確認していきたい。

　『資本論』の叙述では，冒頭で「われわれの研究は，商品の分析から始まる」[3]という宣言が冒頭で述べられる。そして，「ある物の有用性は，その物を使用価値にする」として使用価値に関する規定が続く。

　このあとで，商品のもう一つの属性である「交換価値」の考察に入っていく。まず，「交換価値は，さしあたり，一つの種類の使用価値が他の種類の使用価値と交換される量的関係，すなわち比率として現われる」としている。後に確認するように，ここまでの部分は『資本論』初版や『批判』の叙述でも大きな違いは見られない。問題は，このあとの部分にあるので，内容をまとめながら，改めて『資本論』の論理展開を追っていく。

　①　まず，交換価値は量的な関係であることを述べた後に，この「絶えず変動する関係」は偶然的で相対的なもののように見えるとしている。しかし，交換価値として「一つの等しいものを表現」していて，これは「ある内実」の「現象形態」にすぎないとしている。交換される商品の間には，「共通物」，あるいは共通の「第三のもの」があるとして，交換価値にはこうした内在的なものが存在することが繰り返し強調される。

　②　そして，「この共通なものは」，商品の自然的属性ではありえない。なぜなら，商品の物体的諸属性は使用価値とかかわるが，交換関係を特徴づけるの

3）ここでは，煩雑さを避けるために，『資本論』からの引用については引用箇所をその都度ごとに明示しない。

は「使用価値の捨象」だからである，と述べる。「そこで，諸商品体の使用価値を度外視すれば，諸商品体にまだ残っているのは，一つの属性，すなわち労働生産物という属性だけである」という叙述によって，「労働」が導き出される。

　③　その直後に続けて，「しかし，……（中略——引用者）……労働生産物の使用価値を捨象するならば」，「労働生産物の有用的性格とともに，労働生産物に表わされている労働の有用的性格も消えうせ」るとして，「互いに区別がな」い，「同じ人間労働」としての「抽象的人間的労働」が導き出されている。

　このように，マルクスの交換価値，ならびに労働，さらには抽象的人間的労働についての考察は，おおよそ3段階によって行われている。先に述べた「使用価値の捨象」は，②，③のステップで重要な役割を演じている。これらを要約して図式的に表すと以下のようになる。

①交換価値には，「内実」，「第三のもの」，「共通なもの」があることの強調。
　　↓
②「使用価値の捨象」による「労働生産物という属性」の導出。（第一の捨象）
　　↓
③「使用価値の捨象」による「抽象的人間的労働」の導出。（第二の捨象）

　この部分の叙述は全体的に簡素であり，特に②と③の論理展開は一つの段落の中で連続的に展開されているために，特段の問題があるようには見えない。しかし，注意深く考察すると，そこには重大な内的不整合が含まれている。

　これを正しく指摘したのが，これまでもたびたび触れてきたベーム＝バヴェルクである。彼は，いわゆる転形問題だけではなく，マルクスによる冒頭の「論理的な論証」のプロセスにたいしても執拗な批判を行っている。この批判には，当時影響力を増しつつあったマルクスにたいする対抗意識が如実に感じられるが，彼の批判自体はそうした敵対的な感情を超えて，マルクス自身の叙述に「自分の信奉する学説の関連を研究する場合と同じくらい徹底的に——ほとんど同情的にといいたいくらい——」[4]内在する方法をとっている。それだけに，『資本論』の叙述を厳密に追いながら逐次的に展開される批判によって，マルクス自身の論理の内部に不整合があることを的確に指摘している。それをまず確認したい。

4）オイゲン・フォン・ベーム＝バヴェルク〔1969〕p.90

　まず，①の部分に見られる「交換によって等置された二つの物のなかには，『同一量のある共通物』が存在しなければならない」としていることについては，「きわめて時代おくれなもの」に見えるとしているが，これ自体は「あまり重要なことではない」[5]として深入りしていない。

　ベーム＝バヴェルクの批判は，このあとの②と③に集中している。

　②については，使用価値を捨象した後に残る属性が，「わずかに一つの属性のみだろうか？」[6]として，「需要にくらべて希少であるというような属性」や，「需要と供給の対象だという属性」，さらには「自然の生産物だという属性」なども共通の属性でありうることを指摘した上で，「一体なにゆえに価値の原理は，労働生産物であるという属性とおなじようにこれらの共通の属性のどれかに立脚してはならないのだろうか？」[7]と批判している。

　この批判はきわめて真っ当であり，純粋なロジックの問題として反論することは難しいように思われる。先に述べたように，マルクスの擁護者であっても，『資本論』冒頭の形式論理的な論証によって，労働を用いる理由が十分に立証されていると考える人はほとんどいない。ただし，この批判にたいしては，ヒルファーディングなどがそうしたように，交換価値を扱う際の立場が違うとすることによって，ある程度片づけることができる。

　しかし，③にたいする批判は，立場の違いに解消できないマルクス自身の論理の内的整合性を問う問題が含まれている。ベーム＝バヴェルクは，労働もまた「質的側面と量的側面をもっている」とマルクス自身が述べているのだから，「使用価値にたいして排除の判決をくだすにあたってその理由としたものと厳密に同一の事実は，労働にかんしても適用される」[8]としている。この批判は，慎重に考慮しなければならない。

　というのも，マルクスは，第一の捨象によって「労働生産物という属性」を導き出す前に，「使用価値としては，諸商品は，なによりもまず，相異なる質であるが，交換価値としては，相異なる量でしかありえず，したがって，一原子の使用価値も含まない」[9]と述べている。つまり，使用価値が質であるのにたい

---

5 ）以上，同上，p.94.

6 ）同上，p.101.

7 ）以上，同上 p.102.

8 ）同上，p.103.

9 ）前掲『資本論』p.64，S.52.

して，交換価値は量であるから，という理由で交換価値の内実から使用価値が排除されている。これが，労働を価値の実体とする論拠となっている第一の「使用価値の捨象」である。

　しかし，第一章「商品」の第二節「商品に表される労働の二重性」において，交換価値に対応する労働である抽象的人間的労働にたいして，使用価値に対応する労働としての具体的有用的労働について述べている。交換価値は量であるから，という理由によって質としての使用価値を捨象して「労働（生産物という属性）」を導き出したのに，使用価値と対応する質的側面が労働にも存在しているというのである。このマルクスの論理展開は，ベーム＝バウェルクの批判に値する。この質と量の対比を，自然的属性と社会的属性と読み替えても結果は同じである。労働にも自然的な側面と社会的側面があるのだから，交換価値が社会的関係を示しているという論拠から，労働を導出することはできない。つまり，（第一の）使用価値の捨象によって得られた「労働」と，使用価値に対応する「具体的有用的労働」はどのように整合的に位置付けられるか，というマルクス自身の論理の内的整合性に関わる問題が提起されることになる。これを図示すると，以下のようになる。

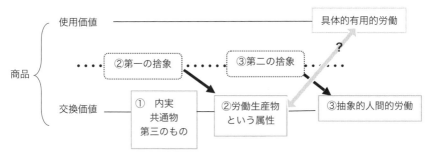

図4－1　二重の「使用価値の捨象」の問題点

　この図で「？」をつけておいたように，使用価値が捨象されることで労働が導出されたのだから，労働には使用価値的要素は含まれないはずである。ところが，使用価値に対応する労働（具体的有用的労働）が存在している。使用価値を捨象することで，交換価値に対応するものとされた「労働」（「労働生産物という属性」）と，使用価値に対応する具体的有用的労働の関係を整合的に理解することは難しい。マルクスのロジックには，この点で不整合が見られるのである。しかも，この「労働の二重性」が，「経済学の理解にとって決定的な点で

ある」[10]にもかかわらず，である。

なぜこうした不整合が生じているのか。それの理由は，現行の『資本論』に至るまでの諸著作の叙述の変更から読み解くことができる。そこで，節を改めて，『経済学批判　第一分冊』，さらに『資本論』初版の冒頭部分での叙述の変化を現行版『資本論』の叙述と比較しながら検討してみたい。

ただし，以下の考察はかなり細かな文献考証になるので，あらかじめこれらの３つの著作の違いについて，先にまとめた現行『資本論』の叙述①，②，③との対応関係のアウトラインを以下の図で確認しておきたい。

	現行の『資本論』	『資本論』初版	『経済学批判　第一分冊』
①	「内実」、「第三の物」、「共通なもの」があることの強調	○	×
②	「使用価値の捨象」による「労働生産物という属性」の導出。(第一の「捨象」)	△	×
③	「使用価値の捨象」による「抽象的人間的労働」の導出。(第二の「捨象」)	×	○

図４－２　『経済学批判　第一分冊』と『資本論』の冒頭部分の叙述の対応関係

まず，『資本論』初版には「内実」の存在を強調する叙述は現行版とほぼ同じ形で存在している。ただし，第一の「捨象」がかなり不確かな形で登場する。確かに，「使用価値の捨象」という文言は存在しているが，それが労働の導出の「論拠」となっているのかどうかがはっきりと読み取れない。△にしているのは，そういう意味である。むしろ，これとは別の論拠によって「労働」が導き出されている。そして，第二の捨象は冒頭部分には存在していない（さらに言えば，「抽象的人間的労働」という語も登場しない）。

それにたいして『批判』では，①と②が存在していない。つまり，交換価値の背後に「内実」を想定する部分から，第一の捨象によって労働を導き出す部分が見られない。逆に，③の第二の捨象と「一般的人間的労働」についての詳

---

10) 同上，p.74, S.56.

細な叙述が存在している。

　一見してわかるように，こうした叙述の変化は，単に字句の変更にとどまるものではない。『資本論』の現行版で流れるように展開される論理の構造そのものに関係している。つまり，マルクスの論述の意図そのもの，あるいは冒頭部分で明らかにしようとしている課題そのものが変化していることから，こうした叙述の変化が生じている。

　これらの著作の間で叙述がどのように変わっていくのかを『経済学批判　第一分冊』から時系列的に詳しく確認することで，叙述が変更された理由についてもあわせて考察していきたい。

第3節　『経済学批判　第一分冊』の叙述とその特徴

　そこでまず，『批判』の冒頭部分の叙述から，そこで展開されている論理を検証してみたい。

　先に述べたように，現行版の『資本論』と比較すると，「商品」を端緒範疇とするという最初の宣言，および使用価値についての部分については『批判』の叙述に大きな相違が見られない。さらに，交換価値が，第一に「量的関係」であるという規定も同じである。

　しかし，それに続く部分が『批判』では大きく違っている。現行の『資本論』では，交換価値の背後に「内実」，「第三のもの」，「共通物」が存在することが繰り返し強調されているが，『批判』にはこうした叙述が存在していない。これが『批判』の叙述の第一の特徴である。

　そのかわりに，『批判』における交換価値の考察では，この交換価値が同じ「ひとつのもの(Einheit)を表わしている」[11]と述べられている。この「ひとつのもの」という用語は，『資本論』の「内実」や「共通物」と同じように見えるが，両者には本質的な相違がある。その違いは，現行の『資本論』に見られる以下の叙述から明らかになる。

　「第一に，同じ商品の妥当な諸交換価値は一つの等しいものを表現する。し

---

11) カール・マルクス「経済学批判　第一分冊」，『資本論草稿集③』大月書店，p.215，11MEGA BandⅡ/2，S.108.「ひとつのもの」という言葉は，当該箇所で3回繰り替えされている。

134

かし，第二に，交換価値は，一般にただ，それとは区別されうるある内実の表現様式，『現象形態』でしかありえない」[12]。

　ここで明確に区別されているように，「第一」のことと，「第二」のことは，別のことを意味している。前半部分の「第一」のことが『批判』の用語である「ひとつのもの」に対応していて，後半の「第二」が『資本論』の「内実」「第三のもの」に対応している。両者の違いを端的に述べるなら，交換価値がひとつの等しいものを表現していることは，現実の商品交換を見れば確認できる事実である。しかし，「第二」の点で述べられている事柄，つまりこの量的等値関係の背後に共通の「内実」（あるいは「第三のもの」「共通物」）が存在するかどうかは，商品交換から確認しうる事実ではない。実際，先に触れたように，ベーム＝バヴェルクは第一の事実を認めても，第二の「内実」を想定することを「時代おくれ」と批判している。つまり，『批判』では，交換価値が「ひとつのもの」を表現しているということに重きが置かれていて，その背後に何らかの「内実」や「第三のもの」が存在することは強調されてはいない。ついでに述べておくならば，この「ひとつのもの」という用語は，初版までは存在しているが，現行の『資本論』には見られない。

　そして，『批判』の叙述の第二特徴は，労働が最初に登場する場面に見られる。「ひとつのもの」の後の叙述は以下のようになっている。

　「諸使用価値は直接的には生活手段である。だが逆に，これらの生活手段そのものは，社会的生活の生産物であり，支出された人間生命力の結果であり，対象化された労働である」[13]。

　これが，『批判』において「労働」が登場する最初の叙述である。ここには労働を導出する根拠としての「使用価値の捨象」が存在していない。というよりも，何らかの根拠を示そうとさえしてない。「だが逆に」という簡潔な叙述によって「労働」概念が登場していて，「対象化された労働」という形での「労働」の登場の仕方はあまりに唐突で，率直である。つまり，「使用価値の捨象」がないだけではなく，労働を導き出す何らかの論拠を示そうという意図もない点が，『批判』の第二の特徴である。

12) 前掲，『資本論』p.63，S.51，この叙述は，『資本論』の第三版の段階で追加されている。

13) 前掲「経済学批判　第一分冊」p.215，S.108-109.

　そして，「対象化された労働」が登場したあとに，さらに『批判』の叙述は次のように続けられる。

　「社会的労働の物質化としては，すべての商品は，同じひとつのものの結晶である。このひとつのもの，すなわち交換価値で表わされる労働の規定された性格が，こんどは考察されなければならない」[14]。

　この叙述から明らかなように，『批判』での交換価値の考察は，これが「ひとつのものを表している」というモチーフによって，「このひとつのもの，すなわち交換価値で表される労働」である「抽象的一般的労働」を描き出すことに向けられている。つまり，「ひとつのもの」としての交換価値に重ねる形で，「労働」もまた「ひとつのもの」としての「抽象的一般的労働」に抽象されるとして，それの性格規定をすることに力点が置かれている。これが，『批判』の叙述の第三の特徴である。ここには「使用価値の捨象」という言葉は登場していないが，「使用価値の特殊的素材に対して無関係であるのと同様に，労働そのものの特殊的形態に対しても無関係である」[15]という叙述によって「抽象的一般的労働」が説明される。このことから，この部分が現行『資本論』の③に対応していることがわかる。

　『批判』の叙述の特徴をまとめると，①と②が存在せずに，③だけが存在している。先に示した図4−1から，①と②の部分を取り去って『批判』での論理展開を図にまとめると，以下のようになる。

図4−3　『経済学批判　第一分冊』の冒頭部分における論理の構造

　抽象的人間的労働と抽象的一般的労働（一般的人間的労働）という用語の差はあるものの，これは第3章で示した図（図3−1）と同じである。そして，こ

---

14) 同，pp.215-216，S.109.
15) 同，p.216，S.109.

の図には，先に述べた「労働」と「具体的人間的労働」の不整合は存在していない。

　こうした叙述の違いは，単に形式的な問題ではなく，論理展開上の意図，すなわち解明しようとしている課題の違いにかかわっている。つまり，『批判』の段階のマルクスは「実体探し」をするつもりはなかったのである。それゆえ，交換価値の背後には「内実」が存在することを強調すること，およびその内実が「労働」であることを何らかの論拠によって示そうとすることをマルクスはしていない。

　『批判』におけるマルクスの強調点は別のところにある。『批判』のマルクスの論理は，交換価値は「ひとつのもの」であるという規定によって，前提となっている「労働」から，それとは区別される「交換価値で表わされる労働」としての「抽象的一般的労働」を導き出して，これの性格規定を行うことにある。つまり，交換価値の内実が「労働」であることを前提として，交換価値に対応する労働が「どのような労働か」を明らかにすることに『批判』の論述は向けられている。なぜならば，「ここで問題なのは，労働が社会的性格を受け取るさいの特有の形態だけ」[16]であり，この抽象的一般的労働によって，労働の関係を示すことに論の主眼があるからである。さらに言えば，「すべての労働が同種の労働に事実上還元されることによって，相互に関連しあう」，あるいは「同等な労働として他のすべての個人の労働と関連させられている」[17]という「労働の社会的規定または社会的労働の諸規定」を示すことが『批判』の冒頭での課題だったからである。労働そのものの社会的媒介関係が，労働の量への還元によって示されるからこそ，労働量の性格規定が詳細に展開されている。そして，これまでの考察から明らかなように，これがマルクスの労働価値論の本来の問題意識である。

第4節　『資本論』初版における叙述の変更とベイリーの影響

　さて，上で見たような『批判』の叙述から『資本論』初版の叙述へと進んでみよう。初版の叙述でも，冒頭の「われわれの研究は商品の分析から始まる」

---

16) 同上 p.220，S.112.
17) 以上，同上 p.219，S.111.

という宣言から，商品の有用性としての「使用価値」に関する言及は，『批判』や現行の『資本論』とほぼ同じである。その後に続く交換価値の考察においても，「交換価値はまず，量的な関係」であるとしているのも同様である。

　ただし，『批判』と共通するのはこの部分までで，その後の叙述にはほとんど共通する部分がない。各著作の異同を見ると，『批判』と『資本論』初版との間の相違が最も大きい。

　『批判』との比較から，初版の叙述の特徴としてまずあげられるのは，「交換価値は，偶然的なものであり純粋に相対的なものであるかのように見える」としながら，交換価値には「第三のもの」「共通なもの」[18] が存在することが，いくつかの等式例や三角形の例をあげながら繰り返し強調される点である。交換価値の内部には，これとは区別される「実体（Substanz）」が存在するという叙述は，初版の時点で挿入されている。

　そして，現行版と同様に，それに続けてその「実体」が「労働」であることを示すための叙述が展開される。ただし，初版の叙述には「使用価値を捨象する」という言葉は見られるものの，この部分の叙述自体がきわめて未整備なうえに簡素であり，これと「労働」との関連が明瞭ではない。マルクスは，「交換価値の実体」が「使用価値としての商品の存在」とは全く違ったものであることは，「商品の交換関係をひと目見ればわかる」としたうえで，「交換関係は，まさに使用価値を捨象することによって特徴づけられている」[19] としている。しかし，そのあとに現行『資本論』に見られる「使用価値を度外視すれば」という叙述はなく，この「捨象」が労働を導き出す「論拠」なのかは明確ではない。

　そのかわりに，初版における「労働」の導出には，別の論拠が用いられている。直後の叙述では，諸商品は価値として「単一なもの」として存在するが，「この単一性は，自然から生じているのではなくて<u>社会から生じている。</u>多種多様な使用価値のうちにまちまちにしか表現されていない<u>共通の社会的実体，それが—— 労働である</u>」[20] としている。この叙述は初版にしか存在しない独自なもので，きわめて興味深いものである。まず，「単一なもの」は Einheit で，『批判』

18) 以上，カール・マルクス『資本論』初版，江夏美千穂訳『初版 資本論』幻燈社書店，1983，pp.19-20，MEGA BandⅡ/5，S.18-19。なお，『資本論』初版の等式例の箇所には「内実（Gehalt）」という言葉は登場しない。

19) 以上，同上，p.20，S.19，1915.

20) 同上，p.21，S.19.（強調は引用者）

に存在していた「ひとつのもの」がここに引き継がれている。しかし，現行の『資本論』とは違って，「社会から生じている」という論拠によって，「労働」が導き出されている。しかも，「労働生産物という属性」ではなく，直に「労働」が登場する。

　そして，さらに初版に特徴的なのが，この後に第二の使用価値の捨象が存在していない点である。つまり，労働から「抽象的人間的労働」に至るプロセスがまったく存在していない。というよりも，『批判』の「抽象的一般的労働（一般的人間的労働）」という用語も，現行『資本論』の「抽象的人間的労働」も初版には登場しない。この後には，複雑労働にたいする「単純労働」についての叙述が展開され（これは第二版以降ではさらに後ろの部分に移されている），「価値の大きさ」についての叙述が続いていくことになる。そのあとに，現行『資本論』の第2節「商品に表される労働の二重性」に対応する部分が存在している。

　このような初版の叙述の特徴をまとめてみよう。まず，先の①の部分はほぼ現行の『資本論』と同じ形で存在している。しかし，②の部分には，初版の独自性が見られる。「使用価値を捨象する」という文言自体は確認できるが，それが「労働」を導き出すための直接の論拠として明確に用いられていない。そのかわりに，「単一性は……社会から生じている」ことを論拠として，「共通の社会的実体」が「労働」であるという形で労働概念が登場している。さらには，③の部分が全く存在していない。つまり，第一の捨象もその位置づけが不明確なのに加えて，第二の捨象が存在していないことが，初版の特徴である。

　このような変更はなぜ生じたのか。『批判』から『資本論』初版に至るまでに生じた叙述の変化の理由は，この間にマルクスが残した草稿から確認することができる。1859年の『批判』と，1867年の『資本論』初版の間に書かれた草稿，いわゆる『経済学批判（一八六一―一八六三年草稿）』（前章までと同様に，『1861-1863年草稿』と略記）にその痕跡を見つけることができる。初版の叙述の多くは，この草稿に書かれたサミュエル・ベイリーにたいするマルクスの言及から採られている。マルクスは，ベイリーが当時のリカードウ批判の急先鋒であると認識していて，ベイリーの労働価値論批判に影響されて『批判』から叙述を大きく変更している[21]。『資本論』の冒頭部分でベイリーを強く意識している

---

21)「1861-1863年草稿」におけるベイリー批判が『資本論』初版段階での叙述の

ことは，第1章「商品」の中にベイリーへの言及が5か所もあることからわか
る（初版では4か所）。こうした言及は『批判』には見られず，初版から登場す
る。この間の事情を明らかにするために，ベイリーのリカードウ批判，さらに
は『1861-1863年草稿』におけるマルクスによるベイリーへの反批判を詳しく考
察してみよう。

　ベイリーによるリカードウ，さらには労働価値論に対する批判はどのような
ものだったのか。ベイリーは，「彼ら（リカードウとその追随者たち）は，価値
を二つの物のあいだの関係とはみなさないで，それをある一定の労働量によっ
て生産された積極的な所産とみなしている」[22] として批判している。この批判の
前半部分である商品相互の価値「関係」を重視したリカードウ批判をマルクス
は高く評価していて，ベイリーが「価値形態の分析にたずさわった少数の経済
学者」[23] だとしている。というのも，価値形態論を展開できないことがリカー
ドウの労働価値論の欠陥だとマルクス自身も考えていたからである。それゆえ，
リカードウの理論が価値関係，あるいは交換価値を積極的に展開していないと
いうベイリーの批判は，「リカードウ理論の痛いところをさぐりあて」[24] ている
として肯定的に評価している。

　しかし，先の批判の後半部分，つまり労働価値論自体への批判はマルクスに
は許容できないものだった。ベイリーは，「価値とは，単に，二つの物が交換可
能な物として相互に相対する関係以外のなにものをも意味しない」[25] として，価
値の背後にある労働量の存在まで否定している。これは行き過ぎである。マル
クスは，交換価値の相対性は，労働による価値の規定と矛盾しないのであって，

　　変更と関係していることついて明らかにしたのはイ・ルービンである。これに
　　ついては，イ・ルービン〔1981〕佐藤金三郎訳を参照。
22)　カール・マルクス「1861-1863年草稿」，『マルクス　資本論草稿集⑥』大月書
　　店，22p.，244，MEGA．Ⅱ /3.3，S.822。この引用は，サミュエル・ベイリー著『価
　　値の性質，尺度，諸原因に関する批判的論究，主としてリカードウ氏とその追
　　随者たちの諸著作に関連して。意見の形成と公表に関する試論の著者の著』か
　　らのマルクスの抜き書きである。また，前章までと同じく，「1861-1863年草稿」
　　からの引用については，『資本論草稿集』の分冊番号とページ数を記す。
23)　前掲『資本論』p.85，S.64.
24)　同，p.108，S.77.
25)　前掲「1861-1863年草稿」，『マルクス　資本論草稿集⑦』p.207，MEGAⅡ
　　/3.4，25S.1327。この引用も先のベイリーの著作からの抜き書きである。

相対的な関係そのものに解消する必要はないと考えている。むしろ，労働量に規定される商品の内在的価値は，他の商品によって相対的に表現されなければならないこと，つまり価値形態として解明すべきと考えていた。それゆえ，ベイリーのリカードウ批判によって，マルクス自身は自らの理論に何らかの改良を施す必要性を感じなかった。

　それでもやはり，このようなベイリーの批判は，マルクスにとって厄介な問題だった。マルクスは，リカードウの労働価値論にたいしては，自らの労働価値論の優位性を明確に認識することができた。すでに述べたように，価値量をはかるために労働の量的側面にのみ関心を持っているにすぎないリカードウにたいして，マルクスはその質的側面，すなわち価値を「労働の関係」として把握した点で，自らの論理が古典派を超えていると考えていた。価値の内実としての労働量を「関係」として捉えることによって，リカードウにはなかった価値形態論も十分に展開可能になった。この点をもってマルクスは，労働価値論の系譜の中では，古典派経済学を超える労働価値論を構築したことを自認していた[26]。

　ところが，価値そのものを「関係」に解消して，価値の背後に労働が存在することまで否定する行き過ぎたリカードウ批判が登場してきた。しかも，価値形態論を展開できないというリカードウの弱点を確かにベイリーは適切に指摘している。しかし，マルクスからすれば，リカードウの不十分さは労働価値論を発展させることで解消できるのであって，労働価値論そのものを否定する必要はない。それだけに，ベイリーにたいして有効な反論ができないリカードウの追随者もマルクスには不満だった。それゆえ，リカードウの労働価値論を継承しているだけではなく，それを自らの独自の理論に昇華させたマルクスにとって，ベイリーのリカードウ批判に労働価値論擁護の側から反批判することが新たな課題となった。ヘーゲルにたいする場合もそうだが，マルクスは自らが激しく批判した対象であっても（あるからこそ，という方が適切かもしれない），自分がその価値を認めて発展させた偉大なる先行者が，その理論的価値を認め

---

26) このことは，『批判』における「商品の分析の史的考察」の中で労働価値論を唱えた経済学者の系譜の上に自らの論を位置付けていることからもわかる。マルクスは，先行の労働価値論にたいしては，自らの労働価値論の違い（優位性）を明確に確認していた。

ない者から批判されることに過剰に反応する傾向がある。

　こうした反批判のために，まずマルクスは『1861－1863年草稿』における
ベイリー批判の叙述を『資本論』の冒頭に挿入して，交換価値には「相対的」
な関係に解消しえない「実体」が存在することを強調する必要があった[27]。こ
れが現行『資本論』の①である。実際，ベイリー批判の中で形作られた叙述が
そのまま『資本論』初版に用いられている。マルクスは『1861-1863年草稿』の
ベイリー批判の中で，諸商品が交換関係において等しいものとして相対するた
めには，ある「内在的」なものが存在しなければならず，「諸商品が価値として
前もって同一でなければならない」[28]ことを何度も繰り返して述べている。さ
らに，「内実」の存在を強調するために用いられる各種の例示，一商品の価値が
複数商品によって表現される等値例，二商品の等値例，さらに多角形の面積と
三角形の例もここに見られる[29]。

　しかし，問題はここからである。マルクスは，商品の交換価値に「内実」が
存在することを強調すればするほど，これが労働であることを何らかの理由に
よって説明しなければならなくなった。交換価値の背後に内実が存在するにし
ても，それが労働だとは限らないからである。実際，同じくベイリー批判の中で，
「だが，相互に交換される諸物のこのような単位とは何であろうか？」，「それら
が一定の量で相互に交換されることを可能にするそれらの単位とは，なんであ

---

27) マルクスはこうしたベイリー批判を通じて，現象形態としての「交換価値」と，
　商品の内在的な属性としての「価値」を明確に区別することになった。これが
　価値形態論の精緻化につながっている。その意味で，ベイリーへの反批判はマ
　ルクスに重要な「副産物」をもたらすことになった。こうした経過については，
　大澤健〔1997〕を参照。

28) 前掲「1861-1863年草稿」，p.198，S.1321.

29) 草稿におけるベイリー批判には，以下のような叙述がある。「たとえば一冊
　の本Aの価値を，Bたとえば石炭やCたとえばぶどう酒で評価するためには，
　AやBやCは，価値として，本や石炭やぶどう酒としてのそれらの存在とは
　違ったなにかあるものでなければならない。Aの価値をBで評価するために
　は，Aは，その価値のBでの評価とかかわりなく，一つの価値をもっていなけ
　ればならないし，そして両者とも，この両者で表現される第三のものに等しく
　なければならない。」（同上，p.190，S.1316.〔訳文一部変更〕）また，「麦わら
　とリンネルとの価値は，麦わらでもリンネルでもなく，ある両方に共通な もの，
　麦わらやリンネルとしての両方とは違ったものでなければならない」（同上

ろうか？」[30]と繰り返し問いながら，それが労働であることを何とか説明しようとしている。

　ところが，マルクスはこれに上手く応えることができなかった。というのも，繰り返し述べてきたように，『批判』の叙述（というよりも，マルクスのもともとの問題意識）では，社会的関係の考察に労働を用いることは自明の前提だったからである。『批判』では，労働を前提として，「交換価値で表される労働」の性格規定を行うことに理論展開の主眼があった。それにたいして，ベイリーへの反批判のためには，自らの論の前提となっている部分を改めて説明するという新たな「論証」が必要だった。しかし，もともとこうした点を説明する意図を持っていなかった上に，価値の背後に労働を見出す理由は彼の方法論に深く根差したものである。自分の中では「子供でもわかる」ほど自明だと考えていることを改めて説明することは容易ではない。

　実際，マルクスにとって，この「論証」が著しく難しかったことが，初版の叙述に示されている。まず，マルクスは，初版において「使用価値を捨象する」という叙述を登場させている。これは『批判』にあった「けれども使用価値は，たとえ社会的欲求の対象であり，したがって社会的関連のなかにあるとはいえ，どのような社会的生産関係をも表現しない」[31]という叙述を利用したものである。すでに述べたように，マルクスは労働を自然的側面と社会的側面の統合として捉えていて，使用価値と（交換）価値という商品の二つの属性に，この労働の二面性を重ねることで，労働の自然的属性（後の具体的有用的労働）とは区別される社会的属性（後の抽象的人間的労働）を導き出していた。その意味で，交換価値には自然的属性，その質的側面は含まれていない。

　ただし，同時にマルクスにとって，労働は「社会の本質」であり，社会的関係を考察するということは，すなわち労働を考察するということに他ならない

---

　p.205，S.1326.）。　さらには，「たとえば，一つの三角形と他のすべての多角形とを比較するには，必要なのは，ただ，あとの方を三角形に変形させて三角形で表現する，ということだけである。だが，これをするためには，三角形と多角形とが，実際に，同一性のもの（identities）として，つまり同じもの——空間——の違った形態として，想定されるのである」（同上，p.237，S1344.）。これらの叙述は，『資本論』冒頭の３つの例に対応している。

30）以上，同上 p.211，S.1329.

31）前掲「経済学批判　第一分冊」p.214，S.108.

という強固な前提を持っていた。ここで，労働の自然的属性を捨象すれば労働
の社会的属性が残されるというロジックと，「社会的関係」と言えばすなわちそ
れは労働のことを意味するのだというロジックが重なり合うことになる。ここ
で注意が必要なのは，「労働の社会的側面」と「社会の本質としての労働」とい
う異なった論理が縫着している点である。両者がもともと違ったロジックであ
ることは，具体的有用的労働をかたわらに置くと明確になる。「社会の本質とし
ての労働」は，自然的側面と社会的側面の統合であって，労働の社会的側面だ
けを意味しているわけではない。

　『資本論』初版では，労働を用いることの「論拠」として，二つの意味での「社
会」が癒着していく興味深い過程を示している。まず，先の引用の通り「この
単一性は自然から生じているのではなく，社会から生じている」と述べている。
この部分は，「使用価値を捨象する」という流れを汲んで，交換価値は労働の自
然的側面とは区別される「労働の社会的側面」の表現であることを述べている。
そのあとに「共通の社会的実体，それが――労働である」[32] として，労働概念を
登場させている。なぜなら，マルクスの方法論的前提では，「社会の本質」＝「社
会的実体」は労働だからである。ただし，上で述べたように，このふたつの「社
会」は本来別の次元にある。交換価値は社会（的側面）から生じているのだから，
社会的実体である労働が価値の実体である，という簡潔な一続きのロジックは
一見成り立っているように見える。実際マルクスは，第二版以降ではこのロジ
ックを整理し直すことになる。しかし，二つの「社会」の間にあるズレが，先
に見た「使用価値の捨象」をめぐる不整合として表われることになる。

　ただ，この簡素な「論証」からは，「なぜ価値の実体が労働なのか？」という
問いに，マルクスは自らの方法論的前提を率直に語ることで答えるしかなかっ
た様子がうかがえる。初版の冒頭では，交換価値が社会的関係であることを強
調する論理が，社会的関係とは労働の関係を意味しているという論理にすり替
わっていっている。ここには，これまでの考察から明らかにしてきたこと，つ
まり，社会の本質が労働であるというマルクスの方法論的確信と，それが自然
的側面と社会的側面の二側面をもつという前提がそのままの形で述べられてい
る。

　このように，初版の叙述はベイリーへの反論という新たな課題に向けて書き

32) 以上，前掲『資本論』初版，p.21，S.19.

換えられているが，この課題はマルクスの方法論的土台に関わるので，簡単に答えることができなかった。その課題に彼は既存の叙述を利用した「使用価値の捨象」というモチーフを用いることで，可能な限り説得力のある解答を与えようとしている。しかし，それは整理されたものでもなかったし，十分な説得力も持っていなかった。ただし，それだけに，マルクスが労働価値論に込めた方法論的な意図が率直に語られていると言える。

第5節　『資本論』第二版以降の叙述とその特徴

　こうした『資本論』初版の未整備な叙述を形式的に整えることで，現在われわれが目にする『資本論』の叙述が形作られることになった。初版では，ベイリー批判に比重を置きすぎたために，『批判』の重要な部分である抽象的人間的労働についての叙述が欠落していた。それを再挿入することで，『批判』と『資本論』初版を組み合わせた形で現在の『資本論』の叙述が出来あがっている。これは図4-2で示したとおりである。

　そうした変更の中で，まず初版では未整備なままでだった「労働」を導出する過程に手が加えられている。最終的にマルクスは，労働を導出するための「論拠」として「使用価値の捨象」を前面に出していく。初版では簡素なものに過ぎなかった「使用価値の捨象」は，その前後に叙述が補強され，自然的・質的属性としての使用価値と社会的・量的属性としての交換価値との対比が強調されるとともに，「使用価値の捨象」が「労働生産物という属性」を導出するための「論拠」であることが明確化されている。

　そして，同じく「使用価値の捨象」を連続して用いることによって，「抽象的人間的労働」が導出される。『批判』における「抽象的一般的労働（一般的人間的労働）」は「抽象的人間的労働」という用語に姿を変えて，この部分に再挿入されている。こうした一連の変更によって叙述の全体が形式的には整っているように見える。

　こうした第二版での叙述の変更について，マルクス自身は「第一章第一節では，あらゆる交換価値がそれで表現される諸等式の分析による価値の導出が，科学的にいっそう厳密に行なわれて」[33]いると述べている。しかし，労働の導

33) 前掲『資本論』p.15，S.18.

出という点ではマルクスが期待したほどの「厳密」さがないことは，ベーム＝バヴェルクの批判からも明らかである[34]。労働もまた自然的・質的側面と社会的・量的側面をもつのだから，自然的・質側面としての使用価値の捨象によって労働は導出できないという批判は，正当なものである。こうした「論拠」が労働を導出するための論拠として成り立つには，「社会的実体」が労働であるというもう一つの想定が必要だからである。これは，「社会の本質」は労働であるという，マルクスの思考のさらに深部にある方法論的前提であり，彼にとっては自明な前提である。しかし，この部分を共有していなければ，『資本論』の論証は十分な説得力を得られない。もちろんベーム＝バヴェルクはそうした想定を共有していない（ほとんどの経済学者も共有していない）ので，労働価値論の「論証」に納得していない。ただし，逆に言えば，こうしたロジックが労働を用いる「論拠」になると考えているところに，マルクスの強固な方法論的前提が示されていると言える。

　この章で主題的に取り上げた二重の「使用価値の捨象」は，労働概念がもっている「社会」の二重の意味に対応している。マルクスにとって「社会の本質」は労働であって，社会的関係である交換価値の背後に労働を想定することは，当然の前提であった。これが第一の捨象であり，「社会的関係」であることが労働を導出するための根拠になっている。しかし，社会の本質としての労働は，自然的側面と社会的側面の統合であり，交換価値は労働の社会的側面が表現される形態である。そこでは，労働が「量」という抽象的な形態で社会的に媒介されることが示されている。これが第二の捨象であり，抽象的人間的労働はこうした労働の社会的媒介関係を表現している。前者の「社会的」はマルクスの方法論的前提であり，後者の「社会的」がマルクスの労働価値論が本来示そうとした生産関係の描写である。

　このような叙述の変遷を，どのように理解したら良いだろうか。時間の経過とともに理論的内容はより発展した段階に進むはずだという一般的な想定からすれば，現行の『資本論』の叙述が一番優れていることになる。それゆえ，こ

---

34) あるいは，ここでマルクスが言う「科学的」な「厳密」さとは，交換価値と価値の明確な区別のことを述べているのかもしれない。交換価値という目に見える商品交換の現実から，商品に内在的な価値を明確に区別して叙述できるようになったことと，それによって価値形態論が整備された点は，第二版以降の特徴である。

146

れを元にマルクスの論述の真意を確認する必要がある。確かに，『資本論』第1章第3節の価値形態論などは時間の経過とともに，高い水準へと整備されている。しかし，冒頭部分の労働価値論の「論証」については，これで十分な論拠が示されたと考える人はマルクス理論の継承者であってもまずいない。むしろ，マルクスの論拠の不十分さを補おうとして，『資本論』の内部や彼の他の著作から様々な推測が行われたり，多様な理論的な補強が行われたりしてきた。

　しかし，本当の問題は，「論証」が十分かどうかではなく，そもそも論証すべき課題が変化している点にある。マルクスはもともと「実体探し」を論証しようとしていなかった。『資本論』冒頭の「実体探し」は，ベイリーへの反論として挿入されたものであって，それ以前の『批判』の叙述は違った課題に向けられていた。しかも，価値関係の背後に労働を見出すことを否定するベイリーにたいして，自らの論の前提となっている部分を「論証」することは著しく難しい問題であって，これにマルクスは十分にこたえることができていない。『資本論』の冒頭部分の叙述の変化からは，本来マルクスはこうした課題を展開しようとしていなかったこととともに，「なぜ労働を価値の実体とするのか？」という問題に簡単には答えられなかったことが示されている。この問題に答えようとするならば，彼の方法論的な全体をもって答えなければならなかったからである。

　それゆえ，『資本論』の冒頭部分を理解するためには，「実体探し」的問題構成を取り除いて考える方が有益だと思われる。本来のマルクスの論述の意図は『批判』に見られたものであって，労働を論の前提として，商品の二要因から労働の二要因を導出して，その性質を規定することにある。こうした意図は，『資本論』において消えているわけではなく，むしろ，初版において少し後景に退いてしまったものを，第二版の段階で『批判』の叙述を再挿入したうえで，「労働の二重性」を第二節として独立させる形で整備している。そして，この労働の「二面的性質」が「経済学の理解にとって決定的な点である」[35]としていることも『批判』から一貫して述べられている点である。

　この章の考察では，『批判』の叙述の方が，マルクスの本来の意図をよく反映しているということを主張してきた。もちろん，叙述の整理という点では，『資本論』の方が優れているのかもしれない。しかし，労働を当然の前提として，

35) 前掲『資本論』p.71, S.56.

その労働を量に還元することの意味を強調する点では，『批判』の方に本来の労働価値論の意味が明確に示されている。そして，マルクスの意図は，「実体探し」ではなく，労働を一般的人間的労働に還元することで，「労働が社会的性格を受け取る際の特有の形態」を明らかにすることにある点も，『批判』の方が明確に述べられている。

　これまでの労働価値論をめぐる論争でも，議論が煮詰まっていくと，ある程度の濃淡はあっても労働概念が論理展開の前提になっていることを認めざるをえないことは，共通認識であるように思われる。ただし，このことを労働価値論の「論証」の放棄であるとか，あるいは最初から「労働」を特権的なものとして扱っている「自然主義」として批判することは適切ではない。というのも，こうした批判もまた，マルクスが「実体探し」をしている，あるいはしなければならなないと考える点では同じだからである。

　こうした「実体探し」のバイアスが，マルクス批判者に格好の標的を与えるとともに，マルクスを擁護しようとする側には多大な労苦を強いることになってきた。しかし，マルクスに限らず，アダム・スミスにしてもデイビッド・リカードウにしても，労働価値論の伝統の中でこれを「論証」しようとした者はいない。労働を用いることは，何らかの公理から証明すべきことではなく，それ自体が公理として経済現象を説明するための前提に位置づけられているからである。

　ただし，古典派とマルクスでは「公理」の意味が違っている。問題は，労働を前提としていかなる論理を展開しようとしているのかという点にある。これまで述べてきたように，マルクスの労働価値論では，労働の量への還元を「関係」として捉えることに意味がある。労働を抽象的人間的労働へ還元することによって，労働が社会的に媒介される際の特殊な形態，すなわち資本主義社会における独自の労働媒介関係が描き出されるからである。『批判』の叙述には，そのことがストレートに叙述されていて，それは『資本論』の叙述にも再現されている。ただし，「実体探し」が最初に述べられているために，その真意がわかりにくくなっているのである。『資本論』の冒頭部分の叙述の変遷とその不十分さの理由は，本書全体の考察を裏付けるものだと筆者は考えている。

終章　労働価値論の可能性

　本書における労働価値論の考察を終えるにあたって，こうした考察がこの理論にどのような可能性を与えるのか，さらに言えば，現在の経済現象を考察するのに今なお労働価値論がなんらかの有効性を示しうるのかについて，述べておくべきかもしれない。冒頭で述べたように，労働価値論は不思議な理論であり，現在の主流の経済学が見向きもしないのはもちろん，この理論によって立つべきマルクス経済学においてもすでに「死んだ犬」として扱われつつある。それでもなおこの理論に捨てがたい可能性があるとすれば，それをどの点に見出すべきだろうか。

　そこで，最初に労働価値論の「量的側面」について考えてみたい。一般的に労働価値論は，労働量によって価値量を考察する理論であると考えられていて，実際，こうした意味からその正当性が「証明」されなければならないとされる。しかし，本書では「量的側面」を中心的な問題として扱ってこなかった。その理由は，この点で労働価値論を用いることの優位性を示すことが難しいと考えているからである。

　まず，いわゆるミクロ的価格論と同様の課題，つまり商品の価値（格），または商品の交換比率を決定する要因を解明するという課題にたいして，労働価値論の優位性を主張することは難しいと言わざるをえない。確かに，ビーバーと鹿モデルや単純商品生産説といった，資本主義的交換とは次元の異なる交換主体を想定することよって労働価値論の形式的成立を示すことは可能である。商品交換の基準として，利潤率ではなく，自らが商品生産に投下した労働量を用いるような主体を想定すれば，労働価値論の形式的な成立を保証することができるかもしれない。

　しかし，想定次第では労働価値論が形式的に成り立ちうると主張することと，そのような想定が資本主義社会を分析するうえでの積極的な意味を持つこととは別のことである。ビーバーと鹿という原始的な交換や，資本主義社会と次元を異にする抽象的な商品交換関係を想定する単純商品生産説による解釈が，資本主義社会を分析するうえで必要不可欠な意味を持っていると主張することは難しい。むしろ，非資本主義的な商品交換によって正当性が保証される理論に

よって資本主義社会を分析することは，理論の体系的一貫性を著しく損なうものでしかない。

　そして，第2章で述べたように，こうした労働価値論解釈のより大きな問題は，マルクスの労働価値論の土台になっている方法論的な違いが正しく認識されていない点にある。マルクスの価値論は，個人の主観を出発点にするような価値（格）論とは，まったく異なっている。彼の考察対象は，有機的総体としての資本主義社会全体であって，労働価値論もこの次元で展開されている。それゆえ，個人の主体的な判断が演じる役割はほとんどない。第3章で述べたように，商品交換における個人は，主観的には自らの自由を行使しているように見えても，実際は社会的関係の被造物であり，社会的関係を強制され，その内部の法則にしたがって動いているにすぎないというのがマルクスの基本的な想定である。労働価値論は個人の主観を越えた次元で作用する「法則」である。

　それゆえ，価値量を労働量によって考察することに意味があるとすれば，それはミクロ的なレベルではなく，マクロ的な次元である。このことは，価値を規定する労働量が「社会的必要労働」によって定義されていることにも示されている。マルクスが扱っている「価値」量は，後のマクロ経済学が用いる「付加価値」の概念であることはしばしば指摘されている。これは正しい。マルクスの時代には，もちろんミクロとマクロという区別は明確になっていなかったし，彼自身もこうした区別を意識しないまま，時に両方を行き来しながら議論を展開している。ただし，この次元で理論を展開している証拠は随所に見られる。生産手段を不変資本として考慮外においてインプットとアウトプットの差額から価値が付加される様子を叙述していること，付加価値の総額が賃金と利潤という所得の合計に対応すること，そして，この付加価値総額から与えられる剰余価値の総額を個別的な産業分野に均等に割り振ることで平均利潤率を展開すること。こうした理論の使い方から，マルクスもまた後のマクロ経済学的な視点から，まずは総資本（総利潤）と総労働（総賃金）の分配を考察するための総量的な集計単位として労働を用いていると考えられる。

　こうしたマクロ的な意味での労働価値論の使い方は，マルクスに限らず，古典派以来この理論を採用した経済学者たちが継承してきた理論的な伝統である。

　労働価値論の始祖であるアダム・スミスは「諸国民の富」を計測するための「価値の源泉」として労働（量）を用いている[1]。そして，スミスは諸国民の富の源泉が労働であることとともに，その労働の分割（分業）によって商品交換

が発達すればするほど富は飛躍的に増大することを明らかにした。スミスが先見の明をもって見出したこの二つの命題を組み合わせることで労働価値論が自然と導き出される。つまり，社会的な富の源泉である労働を分割して交換することで富が増大するのだから，商品の交換は労働の交換であるという帰結が得られることになる。それゆえスミスは，初期未開の社会状態ではなく，分業の発展した状態，つまり商品交換が発展した時代を想定することで労働価値論を導びき出している。

　アダム・スミスを経済学の父と呼びうる理由は，後のミクロ経済学にも，マクロ経済学にも通じる洞察の両方を混然とした状態で展開した点にある。そのため，彼はマクロ的視点から着想した労働価値論を，すぐにミクロの次元の交換比率の決定原理として使おうとしている。これが投下労働価値説と支配労働価値説の接合である。しかし，社会的富の総量を測ることと，実際の交換における価値の基準を測ることは現在の経済学でも別の課題である。次元の異なる理論を一続きに扱おうとしている点がスミスの偉大さと言えるのかもしれないが，彼はこの断層を軽々と飛び越えようとして，失敗している。マクロ的発想から得られた理論をミクロ的な商品交換の現実に適用しようとすれば，直接には使えないことを認識せざるを得ない。彼は，何とかして労働量が直接の交換比率として使われる場を探し求めているが，当然そうした例は現実の交換の場では見つからない[2]。その結果，迷走した果てにこの理論を初期未開のビーバーと鹿の世界に押しやることになった。これが，後に善意の解釈によるスミスの救済に道を開くことになったのは皮肉なことだが，こうした誤った善意が，労働価値論は資本主義とは違った交換を説明するための理論だという大きな誤解を生むことになった。

　スミスの偉大な発想を継承しながら，彼の蹉跌を正して，この理論を正しくマクロ的な経済現象を考察するための道具として用いたのがリカードウである。

1）ただし，A.スミスの場合，こうした労働はさらに生産的労働と非生産的労働に区分される。

2）『国富論』では，いわゆる「水とダイヤモンドのパラドクス」や，価格の長期的低下傾向に労働価値論が使えるのではないかと考えた形跡がうかがえるが，これらはいずれも労働価値論を用いなくても，限界効用理論によって説明されうる。

労働価値論を「市民社会の失われた楽園」に移してしまった「アダム・スミスとは正反対に」,「デイビッド・リカードウは,労働時間による商品の価値規定を純粋に仕上げ,この法則が,それと表面的に最も矛盾するように見えるブルジョア的生産諸関係をも支配することを示した」[3]とマルクスは評価している。リカードウは,社会全体で生み出される価値の総額が,社会を構成する3大階級へとマクロ的に分配される様子を描くために労働価値論を用いている。

ただし,リカードウにとっても,この理論を実際の商品交換の価値基準の説明へと落とし込むことは難題であった。後にフリードリヒ・エンゲルスが,リカードウ学派を「難破」に追いやった要因として説明する通り[4],リカードウは個別の資本の(あるいは少なくとも異なった産業分野間の)均等な利潤率を説明するところにまで,労働価値論から一貫して進むことができなかった。やはり,現実の交換における価値(価格)の基準として労働価値論を使うことは彼にとっても非常に難しい課題であった。

この難点を解決するためのもっともシンプルな方法は,商品交換の基準を考察するのに,そもそも労働価値論を使わないことである。経済学史的には古典派の継承者とされる新古典派はこの道を進むことになった。商品の価値(格)は,売り手と買い手の主観的相互作用から説明すべきであって,マクロ的な次元から論じるべき対象ではない。交換主体の主観的な効用と利潤の相互作用を用いた新しい価値(格)論によって,もはや労働価値論にこだわる必要はなくなった。しかし,新古典派は労働価値論を放棄することによって,マクロ的に経済を扱うための有力な理論も放棄してしまった。そのため,マクロ経済学の継承(再発見)はケインズを待たなければならなかった。

新古典派とは違って,マルクスは労働価値論を引き継ぐことで,古典派のマクロ的着想の継承者となった。そして,リカードウの難点をまったく新しい方

---

3) 以上,カール・マルクス「経済学批判　第一分冊」,『マルクス　資本論草稿集③』大月書店,pp.258-259, S.136-137.

4) エンゲルスは「リカードウ学派を破滅させたリカードウ学説の内的諸矛盾」(カール・マルクス『資本論』第二部フリードリヒ・エンゲルスによる「序言」,前掲『資本論』第5分冊 p.23, MEW24 S.18)の「第二」として,労働価値論による「価値法則」と,諸資本の平均的に均等な利潤率の関係を解決できなかったとしている(同 p.36, S.26)。

法で解決しようとしている。マクロ的な理論をミクロ的な次元に転換するという問題を，マルクスはまず総付加価値を労働（総賃金）と資本（総剰余価値）に分割して，その総剰余価値を各資本へ（各産業部門間へ）均等に分配するという形で均等な利潤率の問題を解決している。つまり，マクロ的に総資本に分配された総剰余価値から，剰余価値の利潤概念への転化を経て，個別的な資本に等しい利潤率が実現されるように剰余価値を割り振ることで平均利潤が実現される。こうして生産価格の決定原理へと進む方法によって，マルクスはリカードウの難点を克服したことになっている。

　しかし，マクロ経済学の手法と理論もまた，マルクス以後に大きく発展した。その発展の過程は，マルクスが古典派を克服した方法とは全く別の道を歩むことになった。特に，戦後のマクロ経済統計の発展は，そうした統計数値よりも労働量を使う方が経済分析的に有益であるという主張を完全に否定している。そもそも商品生産に投下された総労働量（時間）を測ることが難しい上に，それをマクロ的経済分析の中心に置かなければならないと主張することはそれ以上に難しい。マルクスにとっても，価値の実体としての社会的必要労働は「幻のような対象性」なのだから，有意な統計的な数値ではありえない。

　また，理論的にも，物量連関モデルを用いて，個人の主観的なレベルを超えた社会的視点から価値（価格）を説明する洗練された手法も登場してきた。マルクスの労働価値論は，こうした立場からも批判されることになった。労働量を用いなくても，物量連関モデルから価値体系も生産価格体系もダイレクトに引き出せるという批判はマルクスの労働価値論にとってより重い意味を持っていた。というのも，効用価値論の立場から浴びせられたベーム＝バヴェルク流の批判にたいしては，こうした主観的価値論とは違った立場からマルクスの理論は展開されていると主張することでやり過ごすことが可能だった。しかし，マクロ的な視点からも労働価値論が不要であるとされることで，社会全体の経済現象を解明するための集計量単位としても労働価値論の有効性はかなり疑わしいものになった。

　いずれにしても，価値の「量的側面」を説明する理論としては，ミクロ的な次元は言うに及ばず，マクロ的な次元でも労働価値論の優位性を主張することはかなり難しいと言わざるを得ない。現在のマクロ的経済統計数値よりも労働量を用いることで解明される重要な点があるとすることも，物量連関を使った考察よりも労働量を使うことに理論的に優位性があると主張することも，かな

り難しい。現在の経済現象の奥底には，その究極的な規定要因としてやはり生産に投下された労働量が存在していると主張することが不可能だとは言いきれないが，相当な理論的な工夫と，証拠集めをしなければ，そのことを立証できないだろう。

　そこで，労働価値論のもう一つの側面，マルクスが言う労働価値論の「質的側面」について考えてみたい。マルクス自身は古典派に対する自らの労働価値論の優位性をこの点に見出している。本書の考察で示してきたように，マルクスの労働価値論は，資本主義的生産様式の総体を説明するための端緒的な「生産関係」を措定するための理論である。彼は，社会の歴史的発展に通底する本質を労働，つまり生産のあり方に見出している。そして，資本主義社会ではその労働がどのように社会的に媒介されているのかという特殊歴史的な生産関係を労働価値論によって明らかにしている。

　「生産関係」を描写するという古典派とは決定的に異なった労働価値論の使い方は，マルクス自身の理論の目的が一般的な経済学とは全く異なっていることに起因している。彼の目的は，「資本主義社会」を人類の歴史的な文脈に位置づけることにあった。つまり，こうした座標から，「資本主義」そのものを生産関係として定義し，その生産関係の内部構造を解明することによって，経済現象として現れる諸カテゴリーの内的な相互関係を明らかにしようとした。

　「資本（主義）を定義する」というのは，実は，かなり難しい課題である。一般的に自分たちにとって自明に存在しているものを改めて定義することは難しいものかもしれないが，それ以上の困難がある。というのも，どのようにしてこの社会を定義するのかという方法論が明らかでないのである。つまり，どういう理論的足場から，どのような方法によって，「資本主義」を定義するのかに定まった方法がない。あるいは，そもそもそのこと自体が問題として認識されていない。そのため，私たちの経済社会を示すものとして「資本主義」という言葉が良く使われるにもかかわらず，その定義は各自各様である。市場における自由な交換にもとづく生産と分配，私的セクターによる利潤追求，生産手段の私的所有と階級対立，といった定義はいずれも私たちの社会の特徴を一面で捉えているが，これらは資本主義の特徴であって「定義」ではない。というのも，自由な商品交換，さらには利潤や階級，そして私的所有さえも，こうした特徴を生じさせる「資本主義」の定義から解明されるからである。少なくともマルクスはそうしている。

　マルクスが定義する「資本主義」は，単なるイデオロギーではないことはもちろん，一般的に理解されている市場経済や利潤追求社会のことでもない。それは，「資本主義的生産様式」という独自の生産の方法を意味している。このことはマルクス経済学では一定の合意を得ている。しかし，資本主義的生産様式の独自性はどこにあるのか，という点については必ずしも一致していない。一般的には資本主義的生産様式の本質は生産手段の私的所有と労働者の搾取にあるとされる。しかし，マルクスが行おうとしたのは，労働価値論の「量的側面」によって，剰余価値の量的実体を不払い労働として「証明」することではない。彼が明らかにしようとしたのは，そもそもなぜ剰余価値（利潤）と賃金という分配が生じるのか，という点である。

　この点を説明するためには，その前提となる理論が必要とされる。言うまでもなく，これは商品交換の法則の厳密な適用によって導き出される。労働者は労働力商品を市場において販売したのだから，その労働の成果は購買した側（資本）に帰属する。労働者は，労働力の販売によって手に入れた貨幣によって資本から商品を買い戻す分の所得を得る。こうして資本と労働への分配関係が示される。このように利潤と賃金という分配の発生は，価値法則とそれに対応する私的所有法則から説明されるのだが，こうした資本主義的生産の分配関係を説明するためには商品交換の全面的な支配と，その強制性が商品論で描き出されなければならない。

　資本主義的生産様式の前提になる商品交換の全面的支配は，労働価値論によって展開されている。本書の考察は，資本主義という「関係」を解明するための端緒的な「生産関係」を示しているのが労働価値論であることを明らかにしてきた。マルクスは，社会の本質である「労働」が，資本主義社会においては一元的・強制的に「価値」という関係の中で媒介されるという端緒的想定から「生産」へと進むことによって，そこに成立する唯一の生産の形態として資本主義的生産様式を導き出している。つまり，価値関係を資本主義システムのもっとも基底的な生産関係として位置づけることで，そこにおける「生産」の必然的形態としての資本主義的生産関係の全体構造と基本的性質を体系的に解明していった。資本，剰余価値（利潤），階級といった諸カテゴリー，さらには生産の拡大や生産性の絶えざる上昇といった資本主義的生産の特徴は，労働価値論によって示された端緒的生産関係からの弁証法的発展として定義され，展開される。これが，古典派的な「分析的方法」にたいして，マルクスが自らの方

156

法論的優位性を示すものとして用いた「発生論的」[5] 方法である。こうした独自の課題に向けられた，独自の方法論にしたがって展開されているところに労働価値論の独自の意味がある。

　それゆえ逆に，こうした課題に応えるためには，マルクスがとった方法や理論は今なお有効性をもっていると言えるかもしれない。というのも，資本主義を正確に定義することなしに，現在の社会経済現象は理解できないからである。

　「資本主義社会」を定義するという問題は，古めかしい問題意識のように見えるが，きわめて現代的な意義を持っている。21 世紀の始まりとともに急速に進展するグローバリゼーションをどう理解するのかは，現在の経済学にとってもっとも重要な課題のひとつである。多くの経済学は，この現象を「市場経済」の世界的な拡大と浸透という意味で把握している。そして，現在の経済学は市場経済が社会を最適化するという基本的な信念をもっている。それゆえ，市場経済が世界的なレベルに拡大することによって，資源の効率的配分と生産性の向上によって世界は経済成長と安定を実現できるはずだと考えている。

　しかし，実際にはこうした理論的な楽観論に反する事態が頻発している。このことは，現在のグローバリゼーションは市場経済の拡大としてとらえきれないものであり，「資本主義（的生産様式）のグローバル化」として理解しないとその実像が把握できないことを暗示している。象徴的なことに，グローバル化が生み出すさまざまな弊害や問題を扱う際には，市場経済にかわって「資本主義社会」という用語が使われる。しかし，そうした文脈で用いられる「資本主義」は，利潤追求による欲望の暴走や限りない経済成長欲求以上のものを意味していない場合が多い。問題は，そうした資本主義の特性を明らかにするための基礎となる理論が必要とされている点である。

　本書において労働価値論の意味をあらためて考察したのは，こうした問題意識からである。マルクスは「資本主義を定義する」という難題に挑んだ数少ない経済学者である。そして，その「定義」の鍵になっている理論が労働価値論である。すでに述べたように，価格，あるいは付加価値の量的な決定要因を明らかにするという課題にたいしては，労働量を用いることはほとんど意味がないのかもしれない。しかし，マルクスの本来の課題は，歴史的文脈から「資本

5）　カール・マルクス「経済学批判（一八六一――一八六三年草稿）」，『マルクス　資本論 草稿集④』p.477, MEGA BandⅡ／3.4, S.1499.

主義的生産関係」を定義し，その性質と構造を解明することにある。こうした
問題認識は，資本主義の運動原理とその歴史的な発展過程を解明するために必
要とされている。現在，資本主義的生産様式が世界的な規模で拡大しているだ
けに，なおのことその理論的意義は重要になっていると言える。

　マルクスは，労働価値論によって社会の本質である労働概念を商品の価値と
いう物象相互の関係に転換することによって，価値関係がこの社会を支配する
本質的な契機であることを明らかにしている。第4章で述べたように，「量の支
配」と「物の支配」の全面的一元化という資本主義社会の根源的な特徴がこの
理論によって明らかにされている。そうであればこそ，価値概念はわたしたち
の社会の最も基底的で普遍的な実体として，経済的関係の諸カテゴリーへと姿
を変えて弁証法的に発展する概念でありうる。つまり，労働価値論において示
される価値関係の普遍性と根源性なしに「資本主義社会」の構造分析はできな
いのである。

　マルクスが，資本主義社会のあり様を解明するために弁証法を用いたのは，
「資本」の本質と構造はこうした方法以外では叙述できないと考えたからであ
る。資本主義社会は，価値関係を普遍的な本質とする弁証法的構造を持ってい
て，価値関係がその外部に存在するアンチテーゼを取り込みながら姿を変えて，
無限に拡大していく膨張力をもったシステムである。現在進行中の資本主義社
会の世界的拡大も，こうした資本の性質を理解しなければ十分な解明ができな
いように思われる。労働価値論が正しいかどうかは，この理論的方法によって
明らかにされる資本主義社会の構造と性質によって，現在の経済現象がどこま
で説明できるかどうかによって判断したほうが良いのかもしれない。労働価値
論を出来の悪い鋸として捨て去ることは，こうした理論的解明の可能性も失う
ことになるからである。労働価値論の意味をマルクスが解明しようとした課題
とともに共有することが，この理論がもつ本当の可能性を理解することにつな
がると筆者は考えている。この点の解明を，次の課題としたい。

【引用・参考文献】

M・L・E研究所編〔1960〕『マルクス年譜』（岡崎次郎・渡辺寛訳）青木書店

遊部久蔵〔1949〕『マルクス価値論の根本問題』時潮社

遊部久蔵〔1963〕「『資本論』の成立—— 一八四〇年代」『資本論講座1 "資本論"の成立・商品・貨幣』青木書店

遊部久蔵〔1964〕『労働価値論史研究』世界書院

遊部久蔵〔2000〕『価値論と史的唯物論』 飯田裕康編 こぶし書房

遊部久蔵・杉原四郎編〔1979〕「マルクス経済学の生成と確立」,『講座 経済学史Ⅲ』同文館

有井行夫〔1987〕『マルクスの社会システム理論』有斐閣

石原博〔1987〕「1840年代マルクスのリカード評価——労働価値説の「受容」をめぐって——」 研究年報『経済学』（東北大学）第49巻1号

宇野弘蔵〔1952〕『価値論の研究』東京大学出版会

宇野弘蔵〔1973〕『価値論』岩波書店

梅沢直樹〔1991〕『価値論のポテンシャル』 昭和堂

大島清〔1968〕『資本論への道』 東京大学出版会

大澤健〔1992〕「「商品論」の抽象性と抽象的商品交換関係——「商品生産の所有法則」の確定への準備作業（1）——」研究年報『経済学』（東北大学）第54巻1号

大澤健〔1993〕a「「抽象的人間労働」の性格規定と「商品論」解釈——「商品生産の所有法則」の確定への準備作業（2）——」研究年報『経済学』（東北大学）第54巻3・4号

大澤健〔1993〕b「「自己労働にもとづく所有」と商品論解釈——「商品生産の所有法則」の確定への準備作業（3）——」研究年報『経済学』（東北大学）第55巻2号

大澤健〔1996〕「労働価値論の古典的論争——ベーム＝バヴェルクとヒルファーディングの論争について——」 経済理論 第274号

大澤健〔1997〕「価値形態論の成立とサミュエル・ベイリーの影響について」 経済理論 第277号

大澤健〔1998〕「『資本論』各版と『経済学批判』の冒頭部分の比較検討（上）（下）——労働価値論の再検討に向けた準備作業（1）——」 経済理論 第282号，第283号

大澤健〔1998〕「『資本論』冒頭部分の成立過程——労働価値論の再検討に向けた準備作業（2）——」 和歌山大学経済学部『研究年報』第2号

大澤健〔2003〕「初期マルクスにおける労働価値論以前の労働価値論の形成過程」研究年報『経済学』（東北大学）第64巻4号

大澤健〔2014〕「初期マルクスにおける労働価値論の拒否について」 経済理論 第377号

大澤健〔2016〕「初期マルクスにおける労働価値論の受容について」 経済理論 第384号

大野節夫〔1998〕『社会経済学』 大月書店

佐藤金三郎〔1968〕『『資本論』と宇野経済学』 新評論

佐藤金三郎〔1979〕「『資本論』研究の現状と展望」 経済セミナー291号（1979年4月号）

重田晃一〔1959〕「初期マルクスの一考察——経済学批判への端緒としての「ジェームズ・ミル評註」を中心として——」『関西大学経済論集』第8巻6号

重田晃一〔1967〕「労働疎外論と唯物史観——『経済学・哲学手稿』から『ドイツ・イデオロギー』へ——」 経済学史学会編 『『資本論』の成立』 岩波書店

重田晃一〔1979〕「第1部 マルクス経済学の生成 第1章 1840年代」 遊部久蔵・杉原四郎編 『講座経済学史Ⅲ マルクス経済学の生成と確立』所収 同文館

柴田信也〔1981〕「経済学における端緒範疇の展開」研究年報『経済学』（東北大学）第42巻4号

P. M. スウィージー〔1969〕「編者序言」,『論争・マルクス経済学』王野井芳郎／石垣博美訳 法政大学出版局

アダム・スミス〔1995〕『諸国民の富』大内兵衛・松川七郎訳, 岩波文庫

武田信照〔1980〕「初期マルクスの貨幣認識」愛知大学 『法経論集 経済・経営篇Ⅰ』第92号

ピエロ・スラッファ〔1962〕『商品による商品の生産』 菱山泉 山下博訳 有斐閣

高須賀義博編〔1989〕『シンポジウム『資本論』成立史』 新評論

高須賀義博〔1991〕『鉄と小麦の資本主義』 世界書院

竹永進〔1979〕「四十年代マルクスの価値論の性格」 中央大学『経済学論纂』第20巻1・2号

ヴァルター・トゥーフシェーラー〔1974〕『初期マルクスの経済理論 資本論成立前史（上）』宇佐美誠次郎他訳 民衆社

中川弘〔1997〕『マルクス・エンゲルスの思想形成』創風社

中川弘〔2020〕『『資本論』研究序説』 八朔社

ミヒャエル・ハインリッヒ〔2014〕『『資本論』の新しい読み方 21世紀のマルクス入門』堀之内出版

橋本直樹〔1979〕「「経済学批判」の端緒的形成——《パリ草稿》における「私的所有」——批判」 福島大学『商学論集』第48巻 2号

橋本直樹〔1981〕「経済学批判と疎外＝物神性論——経済学的諸関係＝諸範疇の転倒（Quid proquo）の構造——」 中川弘編『講座資本論の研究 第1巻 資本論の形成』所収

服部文男〔1967〕「『聖家族』の経済学的意義——初期マルクスの経済学研究の一段階——」,経済学史学会編『『資本論』の成立』岩波書店

デヴィッド・ハーヴェイ〔2011〕『〈資本論〉入門』森田成也／中村好孝訳 作品社

廣松渉〔1983〕『物象化論の構図』　岩波書店

廣松渉〔1984〕『増補　マルクス主義の成立過程』　至誠堂

廣松渉〔1986〕『資本論を物象化論を視軸にして読む』　岩波書店

廣松渉〔1987〕『資本論の哲学』　勁草書房

ルドルフ・ヒルファーディング〔1969〕『ベーム＝バウェルクのマルクス批判』，P．M．スウィージー編『論争・マルクス経済学』玉野井芳郎／石垣博美訳 法政大学出版局

L．フォイエルバッハ〔1975〕「キリスト教の本質（上）」『フォイエルバッハ全集』第9巻，船山信一訳　福村出版

オイゲン・フォン・ベーム＝バヴェルク〔1969〕『カール・マルクスとその体系の終焉』，P．M．スウィージー編『論争・マルクス経済学』玉野井芳郎／石垣博美訳 法政大学出版局

細見英〔1970〕「『経哲草稿』第一草稿の執筆順序——N.I.ラーピン論文の紹介——」『立命館経済学』第19巻第3号

松石勝彦〔1993〕『資本論の解明』　青木書店

的場かおり〔2001〕「近代プロイセンの議会と選挙制——三級選挙法の制定過程をめぐって——」阪大法学第50巻5号

マルクーゼ〔1973〕『初期マルクス研究　『経済学＝哲学手稿』における疎外論』良知力・池田優共訳　未来社

E．マンデル〔1971〕『カール・マルクス』山内昶・表三郎訳　河出書房新社

L．ミーク〔1957〕『労働価値論史研究』水田洋・宮本義男訳　日本評論社

水崎節文〔1960-61〕「一九世紀初期におけるプロイセン議会構想」名古屋大学法政論集15・16号，

ヴォルフガング・ヤーン〔1958〕「マルクスの初期の著作における労働の疎外概念の経済的内容」国際資料1958年3・4月号

吉沢芳樹〔1970〕「マルクスにおけるリカード理論の発見と批判——一八四〇年代を中心に——」専修大学社会科学研究所　社会科学年報　第4号

ニコライ・I・ラーピン〔1971〕「マルクス『経済学・哲学草稿』における所得の三源泉の対比的分析」細見英訳『思想』1971年3月号

ディビット・リカードウ〔1972〕『経済学および課税の原理』堀経夫訳　雄松堂書店

イ・ルービン〔1981〕a「『経済学批判』と『資本論』における価値と交換価値」佐藤金三郎訳 エコノミア　第70巻

イ・ルービン〔1981〕b「マルクスとベイリ」佐藤金三郎訳　エコノミア　第72号

イ・ルービン〔1993〕『マルクス価値論概説』竹永進訳　法政大学出版会

ロゼンターリ編著〔1973〕『マルクス主義弁証法の歴史』　大月書店

ローゼンベルグ〔1971〕『初期マルクス経済学説の形成』副島種典訳　大月書店

あとがき

　筆者は大学院生時代から継続的にカール・マルクスの労働価値論について研究を行ってきた。その入り口となったのは，「商品論」の通説的な解釈となっていた単純商品生産説に覚えた強烈な違和感だった。非資本主義的交換で成り立つ理論を資本主義社会の分析に使うことの意味がなかなか整合的に理解できなかった。そこで，商品論をめぐる論争を整理することから研究を始めた。単純商品生産説のいくつかのバリエーションと単純流通説などの論争（大澤健〔1992〕），さらに抽象的人間的労働をめぐる論争（同〔1993〕a），商品生産の所有法則をめぐる論争（同〔1993〕b）を考察することで，こうした論争の根源には，労働価値論が資本主義社会では成り立たないという事実と，それでもこの理論を資本主義社会の考察に用いることの意味との整合的な解釈をめぐる問題があることがわかった。

　労働価値論の古典的論争の考察（同〔1996〕）などを通じて，マルクスの経済理論の構造が一般的に考えられている価格論や価値論とはまったく違っているだけではなく，そもそもの解明すべき課題が異なっていると考えるようになった。そこで，初期マルクスにさかのぼって，彼独自の理論がどのような問題意識のもとに成立してきたのかについて考察を行った（同〔2003〕，〔2014〕〔2016〕および本書第1章）。

　こうした一連の研究の結果が本書である。本書の第3章が，最終的に筆者が行きついた結論である。マルクスは，人類の歴史を「労働」の発展段階によって通史的に考察する唯物史観という方法論を用いていて，その「労働」を資本主義分析のためのカテゴリーである「価値」へと変換するための理論として労働価値論を用いている。そこで明らかにされるのは，資本主義社会で労働が社会的に媒介される際にとる独自の「形態」である。資本主義社会では，労働は一元的に「量」に還元されて媒介され，モノの量的等値が社会的関係を全面的に支配することがこの理論によって解明されている。

　筆者は，奉職する大学において経済原論とともに，「現代グローバル経済論」の講義を担当している。現在急速に進むグローバリゼーションという経済現象は，マルクスの理論を使うとその実像をよりよく理解できる。グローバル化は，たんに市場経済の世界的拡大ではなく，資本主義（的生産様式）の世界的膨張である。

そしてその拡大の原動力となっているは「量的」に「モノ（貨幣）」が無限に拡大しようとする資本主義（的生産様式）の特性である。生産そのものが量とモノに支配されることによって生じる資本主義の特性は，人間の欲望やインセンティブとは別次元のもので，人間の主観的な相互作用から経済現象を説明する経済学では解明できない点である。

　本書で繰り返し述べてきたように，マルクスの「経済学」は現在主流となっている経済学とは方法論も理論構造もまったく異なっている。それだけに，現在の経済学が明らかにできない，あるいは明らかにしようとしない資本主義社会の不思議な性質を解明するために，マルクス経済学の理論，さらにはその基礎となっている労働価値論を再評価，再解釈する必要があると筆者は考えている。本書はその最初の試みである。

　本書の出版にあたって，和歌山大学経済学部出版助成制度からの支援を受けました。謹んで謝意を表します。

2023 年 1 月　　　　著　者

著者略歴

大澤　健（おおさわ　たけし）

和歌山大学経済学部教授　博士（経済学）

1966年生　東北大学大学院経済学研究科博士課程後期修了

1995年　和歌山大学経済学部講師

1997年　和歌山大学経済学部准教授

2014年から現職

マルクスの労働価値論

2023年　2月20日　第1版第1刷印刷　Ⓒ
2023年　2月25日　第1版第1刷発行

著　者　大　澤　　健
発行者　千　田　顯　史

〒113‐0033　東京都文京区本郷4丁目17‐2

発行所　(株)創風社　電話 (03) 3818 ‐ 4161　FAX (03) 3818 ‐ 4173
振替 00120 ‐ 1 ‐ 129648
http://www.soufsha.co.jp

落丁本 ・ 乱丁本はおとりかえいたします　　　印刷・製本　協友印刷

ISBN978‐4‐ 88352‐275‐0